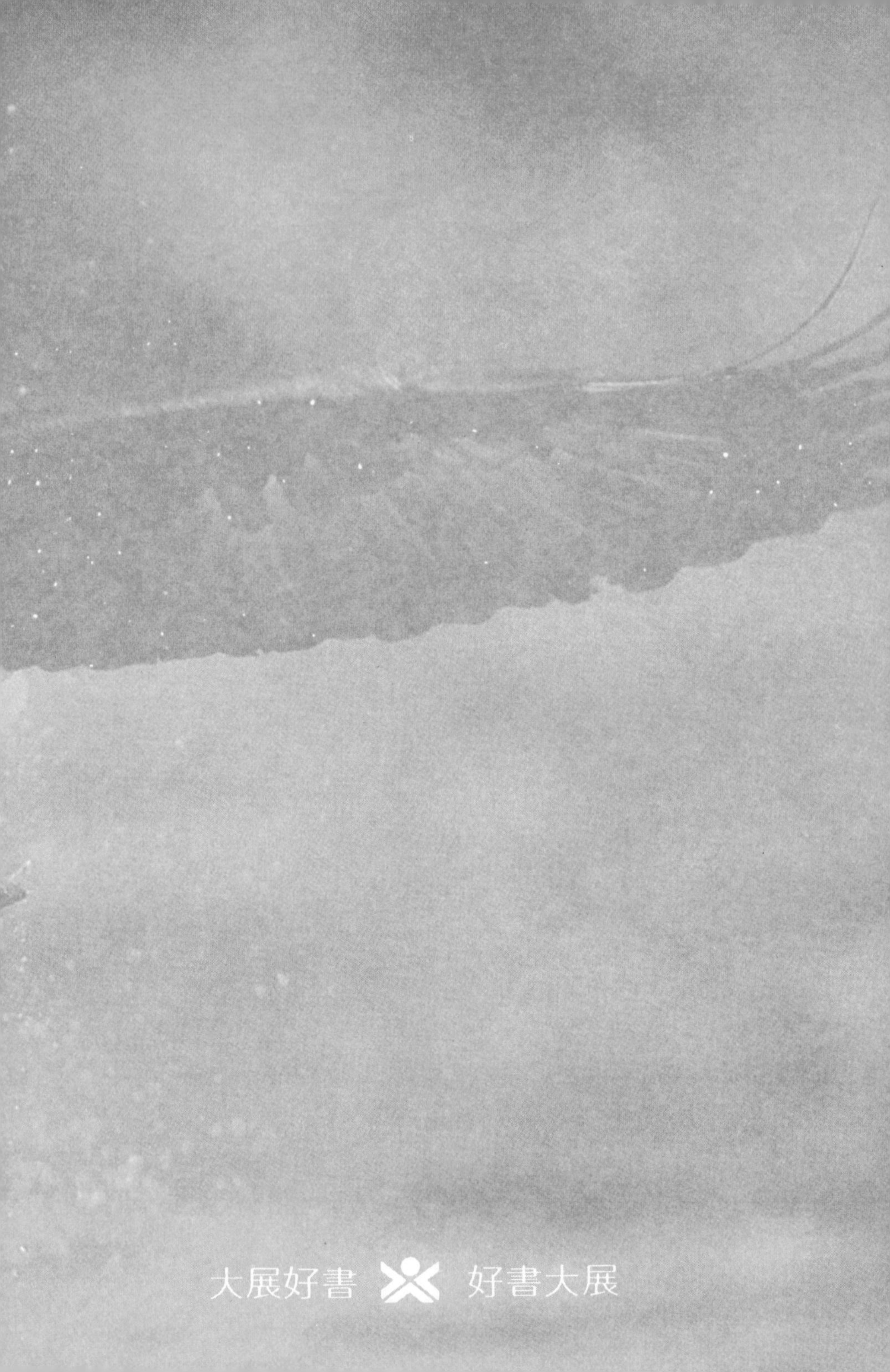

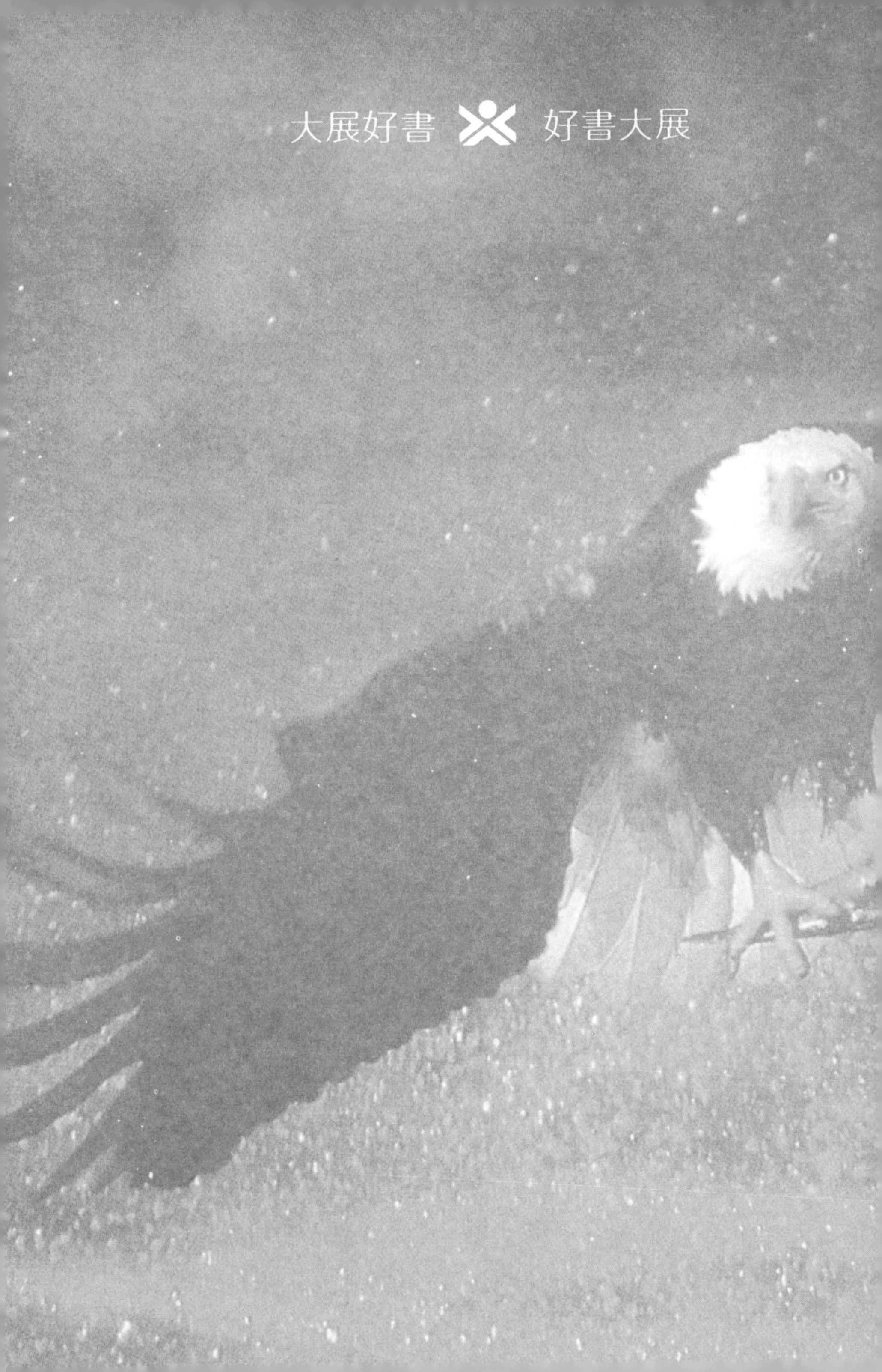
大展好書 好書大展

台灣—亞洲奇蹟

精選系列 3

上村幸治 著

大展出版社 印行

前言——又一個奇蹟

在寫作本書之際，首先我必須從揭露台灣自己的恥辱開始。提到台灣，我們腦海中所浮現的無非都是國民黨及蔣介石。然而，這個國民黨在中國大陸是一個被揭露其腐敗情形，被共產黨從大陸驅逐出境的政黨，不能只看程度。即使聽到「蔣介石派」一詞，也只能令人聯想到軍事政權、特務政治、反共等名詞。

想像力要從此處先張開翅膀，是幾乎不可能的。

藉著所服務的報社的便利，一九八〇年代左右，我報導了台灣問題，不久之後至香港赴任，擔任特派員，每個月前往台灣，而且，親眼目睹了以八七年的戒嚴令解除為開端，剛剛萌芽的政治變革。

對於自己所不瞭解的事情，我在採訪的現場被指點，逐漸瞭然於心。

台灣是一個充滿朝氣、活力的島嶼，使南國強烈的日照跳躍飛舞，流溢著強力的能量、精力。這不僅是使「成長奇蹟」得以實現的經濟界而已，在政治界也業已產生了只能稱之為「奇蹟」的大膽改革。有些人將此一現象稱為「不流血革命」，但是，這個稱呼並不是小題大作的誇大之詞。

不過，這些變形於九一的春天以突發奇異的形式傳遞、散佈至世界各地。在議會之中，亂象愈來愈嚴重，愈來愈激烈，透過電視，在日本或美國都報導此一黨派之間鬪爭的亂象。女性議員投擲椅子，議長及議員競相互打巴掌的光景，被一再重複地轉播出去。披頭散髮、荒唐胡亂的議員們的模樣，只不過是強調台灣政界的混亂罷了。

「在產生過經濟奇蹟的台灣，究竟還會發生什麼現象呢？」

此一時期，台灣的「門面」是經濟，雖是一個人口僅有二千一百萬人的小島，但壓倒了日本及舊西德，成為外匯存底高居世界第一。經常被世界忽略的台灣，被稱作一夜致富的「淘金島」，予人「暴發戶」的印象。

因為台灣的知識份子，每次在議員的亂鬪事件被傳佈出去時，便自嘲說：

「我們是經濟一流，政治三流！」

這雖全然是個人的印象，但這個島上的人們，所有人都是和藹可親的，笑容可掬。只要每次我被從粗暴、刻薄之人較多的香港派遣到台灣，就會感到有一種回到故鄉一般的心情。不僅如此，還不知為何總覺得有一種很慚愧不安的遺憾感。

我也曾數度大聲疾呼異議：

「這不太對勁吧，政治豈非太殘酷現實了？」

先前雖提及「不流血革命」，但他們的運動伴隨著革命所難免的悽慘的暴力、流血（不過，這僅限於戒嚴令解除之後的政治改革時期。在戒嚴令解除之前，流血的恐怖活動仍持續著）。儘管在議會之中發生了亂象，但若和其他國家如韓國或菲律賓的激烈活動相比，則是微不足道的，好像「小巫見大巫」一般。毋寧說，這些現象看起來甚至是平靜的。

因此，台灣才被稱作奇蹟。

在謳歌強勢經濟（或者說興風作浪）的數年間，他們解除了戒嚴令，且國民黨也解散了大陸時代所設立的舊議會。在野黨的設立解禁了，新聞也實行自由化，並修正憲法。此外，也踏出了和中國大陸交流的腳步，劃下和中國共產黨之間的「內戰體制」（戰時體制）的句點。

雖然規模的大小有所不同，但議會的全面改革及憲法修正，和蘇聯瓦解之後的俄羅斯，一面歷經千辛萬苦一面勉力持續相比，倒是一項毫不遜色的偉大事業。不過，俄羅斯為了改革而陷入了大混亂。而中國大陸只顧著一個勁地邁向經濟成長的路子，幾乎無視於政治改革。與蘇聯或中國共產黨有著類似組織、型態的「革命政黨」國民黨，一面實現經濟成長，一面完全改革所有政治體制。

俄羅斯也許應該以謙虛的態度學習台灣的經驗。我認為，世界應更進一步地評價台灣的另一項奇蹟——政治。

在議會裡發生亂象，正是意味著其政治改革也接近「終盤」的時期。這些亂象呈現在影像之中，不是挺有趣的嗎？它具有將台灣政治的一面變成「特寫鏡頭」，大事渲染地傳送至廣大世界的「功績」。然而，若要說到實際狀況，這些亂象只是為了成就平靜的革命的最後儀式罷了。

對在台灣所發生的變化，我希望能設法多方作正確的傳播。這是我完成本書的動機。想以實現政治改革的人士的「政治戲碼」為軸，以拙筆描繪出其高潮起伏，引人入勝的實況。

舉例來說，接受蔣介石的兒子蔣經國總統，便是一齣絕佳的戲碼。被貼上「特務頭子」標籤的他，從所坐的輪椅上發出改革的指揮，開始著手進行解體父親所建構的非常時期體制。

但他壯志未酬便倒下了，而台灣出生的李登輝繼任，成為總統。

在日本統治時代接受教育，日語非常流暢的基督徒李登輝，不具有任何權力基礎，幾乎是以赤手空拳的狀態成為國家的指導者，他一面祈求上帝，一面在政治路途上前進。

另外，在島上有著執著地、持續地訴求民主化的反體制運動的指導，以及無數的居民。透過他們的「演出」，我認為他們想重新建構一個台灣重要的時代。

我不想輕易地使用「奇蹟」這個響亮的名詞。但是，這個島嶼非常地狹小，面積僅有三萬六千平方公里，只是和日本的九州相同程度大小而已。

儘管如此，但旁邊有中國大陸這樣一個巨大的存在物，台灣有時必須將預算的近半數運用在國防經費上，並繼續採行戒嚴體制（八七年解除戒嚴令時，國防經費佔了預算的三七・一％）。如此做法之中，與經濟的繁榮同時使之實現的是政治改革。雖然被形容為奇蹟，但這應該被容許的吧？

想起來，亞洲的國家都抱持著戰後強烈的理想，想要划出歷史之海。從殖民地身份脫離而獨立，逐漸變得富裕，於是便急於想要使民主化得以實現。這是可以用「夢想」來形容，那麼眩目的理想，在想伸手也搆不及的遙遠地方，閃閃發亮著。並非只有一部份的活動家是一直以民主化為目標，普通的市民，或是為政者本身，都一直抱著各式各樣的夢想而生活。

夢想有時會教給我們嚴酷的現實。韓國的學生運動、菲律賓的二月革命、中國大陸的天安門事件等等，亞洲的民主化上，都附帶著激烈的情況。然而在亞洲的現代史中，也有比流血的慘事更重大、更平靜的轉捩點。這樣的例子之一，似乎可以舉台灣的民主化為例。

民主化這個字眼，雖叫得震天價響，但其實也是具有危險性及脆弱性的。雖然聽得見漂亮的名詞，但在其背後，也有像幽靈一般的策略及算計。在您瞭解了這樣的事情之後，如果考量形成亞洲的民主化的因素，那麼回顧這些因素，應該也會形成考量日本的憑藉物。在這個地區，目前是將政治的民主化延緩下來，在堅持的政治體制根基之下尋求經濟成長的「開發獨裁」論，被高聲地大力倡言，台灣也如此做而變得富庶，然而，在富庶之後，將如何推行民主化呢？或者，像新加坡那樣無視於此一重要事情？諸如此類的問題仍留著。假使推行了民主化，則應遵循什麼樣的步驟、過程呢？這個議論也尚未充分地進行。台灣民主化的進程，在如此的意義層面上，也許將是考量亞洲的將來的重要素材吧！

在一般人大力主張對亞洲多加瞭解的聲浪之中，應該可以傳達給日本的事情，仍然有無數的材料。

往後所介紹的材料，都是這樣的戲劇般的情節之一，描繪在亞洲一角的小島上，實現夢想的人民的故事。

目錄

第二章　奇蹟的舞台背景

第三章　王朝的瓦解

第四章　海峽兩岸

第七章　從過去到未來

第一章 平靜的一步

戒嚴令解除

在台灣曾有世界上史無前例的戒嚴令。所謂的史無前例，是指其所歷經的時間而言。因為，它竟然跨越了三十八年之久。這並非古代神話，的確是直到最近，這項戒嚴令仍一直持續著。然而，國際社會似乎不在乎地遺忘了這件事。台灣的戒嚴令在西方民主國家被大大地接受、承認一事，是世界罕見的。

故事從戒嚴令的最後一天——一九八七年七月十四日開始。

這一天，台灣的街道上盛夏的強烈日光正毫不留情地照耀著。大馬路上塞滿的車輛和摩托車，一面反射著燦爛閃爍的日光，一面掀起飛揚的塵土，讓喇叭轟天作響。雖然這樣顯得很有朝氣、活力，但也許是發出和平日同樣的噪音。真是一件不可思議的事，這一天的台灣，對於迎接歷史的節目並無昂揚感，一切如常。

中午過後，天空出現了烏雲，天色陰暗起來。午後三點前，激烈的驟雨開始像敲打東西似的傾盆而下，而這一陣子，在行政院（相當於內閣），拿著文件的職員匆匆忙忙地四處奔波著。文件上寫著總統令。

「根據中華民國七六年七月八日立法院（相當於國會）建議第一六四一號文件

，自七六年七月十五日零時開始，解除台灣地區戒嚴令。」

所謂的「中華民國七十六年」，是指在辛亥革命中推翻滿清的國民黨，以這一年為起點而計算的年號而言，西曆上則是一九八七年。

身為新聞記者的我，待在行政院的辦公室，等著這一瞬間。在解除完成確認的同時，我從飯店房間飛奔而出，很不湊巧地雨勢愈來愈強烈。然而，我所住宿的飯店很近，我必須趕快回到房間，和東京連絡。

雖然用力奔跑到大馬路上，但因在地下道跌了一跤，淡綠色的夏裝沾上了泥土。

「三十八年之久的台灣戒嚴令，終於被解除了！」

我不管被淋透的身體，對著聽筒高聲大喊，東京的外電編輯部說：「是嗎，請確實地傳送原稿。」對方也有一點興奮的感覺。

那時候，一位認識的飯店侍者來探視房間，露牙而笑。我問道：

「什麼事這麼興奮？」

「喔！戒嚴令解除了！」雖說如此，他還是露出一副毫不在乎的臉色。

「此時此刻，戒嚴令解除了，永遠也忘不了這一刻！」

聽他這樣一說，我突然內心一震，興奮的人大概不只有外國記者吧？

晚上六點，新聞局長邵玉銘召開記者會。位居閣僚級地位的新聞局長，臉上一直泛著紅潮，一口氣讀完發表文章。攝影機的閃光燈閃爍著無盡的光芒。

「總統（蔣經國）表明，戒嚴令解除這一件大事，使我們的國家朝向著新的時代邁進，邁向更加民主、自由、繁榮、進步的社會。」

記者會所使用的會議室，更換了嶄新的窗帘、地毯、椅子，當局對這一天是如何地重視，可以很清楚地感覺到。

台灣開始發佈施行戒嚴令的日期，是一九四九年五月十九日，在迎接國民黨與共產黨的內戰最後階段的當兒，國民黨相關人士相繼遷徙至台灣。戒嚴令在這種情形之下，是為了「防止共產黨勢力的浸透、鎮壓遏阻抱持著不滿的台灣居民的騷動、混亂」而被實施的。

未久，共產黨支配了大陸，國民黨則支配了台灣，雙方的勢力版圖於焉成形、固定下來，時間一分一秒地過去，戒嚴令也原封不動，安然無恙地留下來。

一走出夜晚的街道，繁華的街道如同往常一般，人行道上人滿為患、摩肩擦踵。計程車司機（三十八歲）一聽到我告訴他：「戒嚴令解除了呢！」問道：「是真的嗎？」二十四歲的女上班族則說：「這麼說來，真有這樣的事情囉？」這位小姐也不相信此事。的確，即使走到街上，也沒有慶祝這一天的喜樂之聲，也聽不到節慶一定會鳴放的爆竹聲（之後，在台北市的某地方，才確認有鳴放爆竹的聲音）。

台北市内（毎日新聞社）

雙十節（國慶日）上的蔣經國總統（86.10.10）（台灣行政院新聞局）

訴求希望返鄉的何文德（87.7）

發表解除戒嚴令的決定的台灣當局發言人（87.7.14）（路透社）

戒嚴令已靜悄悄地閉幕了。

想家

有一位名叫何文德的男士，是個中年男性。這一天，他用墨在襯衫上寫上大大的「想家(思慕故鄉)」兩字，像流浪一般，四處徘徊。他所穿著的白色質地的襯衫，因為汗水及塵埃而泛黃，在平頭之下的一張方形臉，被太陽曬得很黑。雖然分發寫著「讓我回家」的傳單，但只顯露出有點怪異的表情，行人都看見他的可疑模樣。「這樣的大熱天，做什麼，做什麼呀？」

做什麼？促進外省人返鄉探親是也。他是外省人返鄉探親(回鄉)促進會的會長。所謂的外省人，是指終戰之後與國民黨一起逃難至台灣來的中國大陸出身者。通信兵何文德留下家人在大陸，和軍隊一起撤移來台。他相信內戰遲早都會結束，可以回到故鄉。

然而，雖然經過將近四十年戰鬪已走上窮途末路，宣告停止，但內戰時的體制卻未結束。無論如何都想見到親人一面——在左思右想不得一償宿願的情形之下，他親自建立了促進歸鄉的團體。人員約有六十人。

這一天，他也在腰際懸吊水壺，在褲子口袋裡塞進一個午餐用的饅頭，步履蹣跚地走在人群之中。運動才開始四個月，居民的視線是冷漠淡然的。他並不知道不久之後戒嚴令即將被解除一事，也並不關心此事。這種態度，結果使他對於能給予他人生影響的大事也不注意。

晚上十點過後回到家中，他因為疲倦至極，所以也沒有看電視就上床就寢。隔天早上，讀完報紙才初次發覺戒嚴令已被解除一事，但他只是懷疑地想著：「是這樣嗎？」

十五日凌晨零時，台灣迎接了戒嚴令解除的歷史性一刻。雨勢停歇的街道，空氣澄淨，車子的紅色車尾燈在黑夜中清清楚楚地浮現。橘色的街燈被反射出來，映照車窗上。走在植滿椰子樹的林蔭大道時，讓我深深感到台北並非一個只有尋歡作樂的街道的地方。

在攤子上，年輕人默默地吃著麵條，而位於總統府旁邊的台北新公園，可以看見情侶們儷影雙雙。在公園的一角，寫著「空襲時，應放下車子立刻避難！」的橫條布幕被弄髒了，但一直鬆垮垮地垂掛著無人理會。四處並無任何的緊張感。

想起來，這也許是稀鬆平常的，也是理所當然的。戒嚴令之中難免會有的夜間外出禁止令（宵禁）沒有了，軍事管制也不再那麼顯著。對從日本而來的觀光客而言，台灣該是古早即有的霓虹燈廣告牌及高爾夫的觀光街。

雖說如此，所謂的歡樂街的戒嚴令究竟又是什麼呢？

某一天，對行政院的官員談到此事，他給我看台灣報紙《中國時報》的報導。同一報紙於七月一日進行了民意調查，結果得知，不知道戒嚴令之存在的人達二九%。即使如此，相較於前年（八六年）秋季的調查時（四五%），不知道戒嚴令為何物的人減少。

這位官員笑一笑然後說：「愈來愈正常化了呢！」

所謂的解除戒嚴令，是國民黨當局為了追趕上市民生活的實際狀況，免於腳步跟不上時代而設的法令，用意在於使市民生活趨於正常化。台灣已漸成為一個不需要戒嚴令的社會。居民和戒嚴令之間並無關聯，戒嚴令可以說是毫不相干、可有可無的抽象物，他們仍過著普通的城市居民生活。可以說是為了配合這樣的社會狀況，指導者只好勉勉強強地作出決定，好不容易終於解除了戒嚴令。這麼看來，便可理解為何這條街道的夜晚和平日並無不同，仍然熱鬧非凡。

前幾年，在菲律賓二月革命的火燃燒正旺盛。在韓國，則自一九八〇年的光州事件以來學生運動便逐漸地激烈化，顯得有點過火。在亞洲的一角一旦經濟成長不斷進步，中產階級增加，則民主化的要求便更趨強烈，有時會變得過於激烈。台灣當然也受到影響。然而，這條街還看不到這樣的現象。和菲律賓的熱鬧盛大或韓國的激烈有所不同，可以看見這個國家正安靜、不疾不徐地邁向民主化的道路。

件隨著解除戒嚴令而產生的變化是，法律方面迅速的變化。舉例來說，以往包括一般的刑事犯，所有的犯人都要被送上軍事法庭，但這項法令已消失了。除了現役軍人之外，一般人可以不需接受軍事法庭的裁判。山地、海岸的軍事管制區（限制一般人進入的地域）也被縮小了。

國防部對於二百三十七名政治犯（其中適用叛亂罪者為一百七十人），採取減刑、復權（恢復公民權）的措施。行政院發佈了一項措施：十五日以後，要進行集合、示威或遊行時，應在三天之前向當地警局提出申請的義務。根據這項臨時條例，集會、示威或遊行時便被這樣附帶條件地自由化了。至於解除戒嚴令之後的治安對策，則由國家安全通過議會。

配合著解除戒嚴令，外幣管理也實施大幅放寬規定。攜帶外幣出境的限制取消了，海外投資也趨於自由。這些是經濟方面的自由化。

如此一來，台灣的漫長一日便靜悄悄地落幕了。

換言之，解除戒嚴令並非單純的儀式，至少，決心要解除戒嚴令的蔣經國總統的意志，大規模地改變了往後的台灣。這些變革，可以說是「革命」般的猛烈厲害。然而，當周遭都發覺這一點時，他就逝世了，相當遺憾。

外省人

「狗一離開，豬就來了。」台灣人曾經這麼說。

所謂的狗是指日本人而言，而豬則是外省人（大陸出身者）。在殖民地統治之下作威作福、欺壓百姓的日本人，因第二次世界大戰敗戰而回到故鄉。台灣人（本省人）認為自己的時代好不容易終於來臨了，總算可以安靜地過日子了，然而，事實上是一夥比日本更加殘酷的同謀，被大陸「驅除出境」，避守台灣。

外省人與日本人——對日本而言，這些並非耳熟能詳的字眼，正是思考台灣問題的入門之鑰。兩者之間的對立，形成往後台灣政治的暗潮，底下波濤洶湧，並建立了歷史。以下所介紹的事件，也都是要除去兩者對立的複雜陰影，揭開黑幕。

至於出生於台灣的本省人又為何要大罵同為中國人的外省人為豬呢？

台灣也曾被稱之為「海賊的巢穴」、「原住民的島嶼」。明朝末期亦即十七世紀初葉以來，從對岸的福建省而來的漢族居民，紛紛移民定居此島，他們渡海而來，登陸之後開拓墾荒。山地較多的福建省很貧瘠，居民便尋求可以開墾的土地。

也有為了抵抗屬女真族的清朝而逃到台灣，至今仍像「政治難民」一般的居民。因鹿耳島之役而聞名的中日混血兒鄭成功，十七世紀中葉時據守此地而和清軍交戰。鄭成功死後，整個軍隊降伏於清朝，清朝因此而開始統治支配台灣，開發也有長足的進展。漢族居民的移民更多了，至清朝末期已超過二百五十萬人。

移民的主流為福建省南部的閩南人，但也包括了從中華華北移居南方的集團——客家人。另一方面，原住民之中有稱之為雅美族等「山地同胞」（山地原住民），以及阿美族等「平地山胞」（平地原住民）。日本人曾經將這些原住民總稱為「高砂族」。

一八九五年，在甲午戰爭中獲得勝利的日本，讓清廷將台灣割讓出來，自割讓以來至終戰為止，進行時間跨越五十一年的殖民地統治。在這一段時間，台灣住民被強迫接受日語教育，成為和大陸的中國人切斷臍帶關係的型態。為此，台灣人有別於中國大陸的人們，具有獨自的發想。

終戰之後不久，中國大陸的國民黨政權接收了台灣的行政機關，將國民黨的士兵遣送入境。然而，他們揹負著鍋子碗瓢盆的軍隊。雖說是戰勝國的士兵，但看起來很悽慘。即使是這個時代，在中國仍有人說：「好鐵不打釘，好男不當兵。」

喪失謀生能力無以謀生的貧窮人很多，不識字的人也不稀罕。他們勉勉強強地接受教育，對過著馬馬虎虎的生活的台灣居民逞威風、擺架子（當時的台灣，比起中國大陸是相當富庶的，且教育水準也較高）。原本就一直被教育、灌輸「台灣人意識」的本省居民，以複雜的想法觀察著他們。

令人不快、厭惡的心情不久便成為憤怒爆發出來。一九四七年二月，使本省人與外省人的對立激烈化的「二二八事件」發生了。這個月的二十七日夜晚，在台北市內有一名販賣私菸的婦人，被取締官毆打，開始發動抗議行動的居民，和警察發生衝突，到處都出現死傷者，騷亂成為暴動波及全島。

國民黨當局動員軍隊鎮壓，所到之處便殺害本省人，被害者的數目從一萬八千人達到二萬八千人。甚至可以說大量的優秀本省人才被殺害了。

然而，國民黨將二二八事件原封不動地封存起來，鎖入黑盒子之中，連公開議論也不允許。結果，親屬被殺害的本省人的憤怒，逐漸加深。

與這種狀況無關，國民黨在國共內戰之中失利，逃到台灣來，不僅是幹部，連家屬及士兵也大舉渡海而來。這個數目從一百五十萬人一直膨脹至二百萬人（順帶一提，當時台灣的人口約六百萬人）。

俗話有道：「貪官污吏（瀆職官員）」，是指國民黨官員的貪污瀆職而言，這種情形相當驚人、可怕。不僅是讓大陸的國民黨政權從中腐食台灣，連台灣的本省人也說：「這種情形比起日本統治時代有增無減，更加猛烈、厲害。」

例如，後來擔任在野黨民主進步黨的顧問，而以「從地方包圍中央」的戰略使民主進步黨躍進、實力大增的張俊宏，在擔任秘書長時代曾這麽說：「日本統治時代至少根據法律實施法治主義，但是，國民黨卻全然不想遵守法律。」

位居統治階級的他們這一群外省人，抑制一切的行政權力及經濟權益，國營事業、銀行等等，都受到管理。本省人無法成為政治中樞是不在話下，同時也理所當然地無法進入經濟活動的主流。接受過教育的本省優秀人才，流入中小企業，不久之後便產生出台灣經濟的奇蹟，這個也應稱之為中小企業聯合體的經濟體，很諷刺地產生出以世界第一位外匯存底為榮的經濟奇蹟。

再者是外省人。他們大致分為三種類型。首先是像蔣介石一派這樣的統治者。也就是高級官僚、軍或黨的幹部、有力的經濟人士、國會議會。率領同黨、連財產都帶入台灣的他們，在台灣也形成上流階段。他們不和本省人來往，陸陸續續地讓子女到海外留學，很快地將資產轉移到美國。

其次是帶著家人被遣送至台灣的中級軍人、中級官僚、專家。舉例來說，歌手泰麗莎•鄧的家人便是其中之一。他們雖想移民至美國，但經濟情況不許可而無法順利成行，不得不留在當地，日日做著美國夢，幻想有一天能踏上新大陸的土地。

接著最後是留下家人在大陸，隻身渡海來台的無數年輕士兵們。其數目約六十萬人。他們幾乎是下級士兵，不識字者居多，只能一直重複貧窮的歲月。迄今為止，他們仍被稱呼為老兵。先前所介紹的何文德，可以說是其中的代表性人物。

還有，外省士兵們的不良子弟所建立的組織「竹聯幫」，是台灣最大的黑道組織。不久之後，他們甚至出入美國及日本，發展勢力範圍。

泰麗莎・鄧

歌手泰麗莎・鄧的父親，是出身於河北省的國民政府軍中尉。父親和山東省出身的母親在中國大陸相識、結婚。母方的祖父因為擔任郵局局長，所以在地方上是個還算過得去的小康之家。兩人在國共內戰末期逃難至台灣，在這裡，泰麗莎・鄧出生了。因此，她成為第二代外省人。

父親一從軍隊退役，為了餬口維生必須工作，於是開始從事麵包店的生意，旋即轉業成為貿易商，據說，是經營寶石之類的生意。母親為專職的家庭主婦，自早即喜好平劇等舊劇。她喜好唱歌日甚一日，未曾停歇，女兒也逐漸以成為歌手為終生目標。泰麗莎・鄧從十歲開始唱歌。

在尚未有電視，一邊聽著收音機中美空雲雀的歌，一邊長大成人的她，恰恰就像美空雲雀一樣，她一邊被母親牽著手一邊唱著歌，走在台北的街頭，微暗小巷深處的酒家，便是她的舞台。

「父親反對我成為歌手。但因為他原是軍人，所以頭腦非常頑固。我仍是孩子的時候，男孩做醫生或律師，女孩嫁人做家庭主婦，是一般的風氣。」

第一次的正式舞台，是市內的歌廳。鎂光燈如太陽一般眩眼奪目，她開始廣為人知，立刻引起「天才少女」的騷動，以甜美可人的歌聲轉瞬之間成為代表亞洲的明星。據說，她的唱片包括盜版已出數千萬張，在日本也以「償還」（八四年）、「愛人」（八五）最為暢銷。

七九年，她曾意圖以印尼護照入境日本，被收容於東京入境管理局，受到驅逐出境的處分。此時的台灣接受中國大陸與日本恢復外交，以及因與日本斷交等事件，在國際社會正處於孤立的狀態。與日本之間的來往變得很不便，而她聽信友人的話則是失敗的原因。同一時期，她在洛杉磯的大學修習生物學及數學，但懷疑自己是否可以成為醫師。

「能治療人們身體的病痛，或許是了不起的，但是，我還是回到歌唱的行列。因為，歌曲是心靈的治療！」

然而，在她又復出重披歌衫時，政治的浪潮也毫不留情地襲捲而來。八三年，在中國大陸興起「精神污染肅清運動」，在受到西方社會影響，頹廢文化被批判之際，泰麗莎•鄧也被揪出來成為批判的對象，一時之間變成「毒藥」，有人說她唱歌的方式過於溫情主義，有靡靡之音的味道。

在北京的工廠裡，幹部們甚至對每一個人進行調查、審問，以瞭解是否擁有她的卡帶。此一時期，人們傳言：「支配中國大陸的是二鄧。」其中一人是支配中國大陸的鄧小平，另一人則是支配中國人心靈的鄧麗君（泰麗莎•鄧）。

她的歌曲在中國大陸正式被解禁時，我在東京聽到了這個消息。八六年秋天，正好是朝向解除戒嚴令展開行動的時候。她說：「再二十年也可以到中國大陸吧？我還是很希望前去。但不必設法儘早前去吧？」

「近來，我認為中國語真是美麗的語言。想唱這些國語歌曲，讓更多中國人聽，即使一個人也好。」

未料，萬萬也想不到一年之後台灣居民訪問大陸已被許可，這是任何人都無法想像的事情。身為外省人的第二代，她雖然希望踏上雙親出生的故鄉，但一直態度堅決，毫無考慮的餘地。雖說是外省人，但任何人都不是支配者。無論如何，因為並非支配階級，所以她被台灣的人們接受了，這是不消說的。然而，大陸一直緊閉著門戶。在她歌聲的底層，深藏著深深的孤獨。

老兵

最近，對第一代外省老兵而言，訪問大陸已經成為迫不及待、亟需解決的問題。何文德說：「幾乎所有貧窮的老兵，都回到故鄉擁抱著年邁的雙親。雙親已風燭殘年，餘日不多，都希望能早日回鄉，讓雙親安心，而共產黨與國民黨隔岸對峙、虎視眈眈的情形永遠不再。」

何文德於一九三〇年出生於中國湖北省房縣的農家，十七歲時加入國民黨軍隊。「加入國民黨並沒有深一層的意義。那個時候，自己的周遭只有他們。如果周遭有共產黨的話，我也許就會加入那一邊了。」

當時的農村疲弊凋落，找工作非常辛苦。貧窮但身體健壯的年輕人，只好加入軍隊。二年之後，國民黨一渡過台灣海峽，所有的通信兵也一起越過大海。通信兵在台灣是隸屬於砲兵部隊，氣氛相當輕鬆、愉快。他們覺悟到不知何時又要攻回大陸，即使不成也要忍耐至戰爭終止之日。

然而，戰爭並未終止。共產黨侵攻而來，有人認為這該不會是要將戰爭做一個了結的時候到了，戰爭總該結束了吧？但是，韓戰爆發了，美國派遣第七艦隊到台灣，海峽暫時被凍結。中國大陸與台灣被編入冷戰體系之中。長久以來，國民黨與共產黨一直隔海對峙，遙遙相望，四十年之間動彈不得。

「回歸故鄉的期望一直沒有實現，以上尉軍階退役之後，就職於地方上的工廠，和當地的本省女性結婚，生了兩個孩子。最可憐的是，工廠在三個月前倒閉了。」

自己能結上婚這一部份，還算是幸運的。幾乎所有的士兵在退役之後既無工作也無親人，一直重複過著以打零工爲生的日子。他們這種只能懷抱著望鄉之念，孤寂地生活著的人，充滿在我們四周。本省人受制於外省人，長期被壓迫，雖然很不幸，但是，外省老兵也被本省人蔑視，比起本省人更加不幸多了。

「同伴們即使想回去大陸，但仍回不去。想要偷偷地回去，也沒有錢。回鄉促進會便是以援助老兵們的資金為一大目標。」

老實說，從八六年左右起，經由香港而偷偷回到大陸的人，開始引人注目。

「是真的嗎？」

開始時，幾乎所有的人都半信半疑，憂慮著一旦去了中國大陸是不是就回不來了？回到台灣時，該不會就以間諜的嫌疑被逮捕？但是，平安無事地歸來的人一增加了，老兵們便按捺不住，兩腳蠢蠢欲動。恨不得立刻逃開台灣。

對於這樣的一天，台灣具有影響力的報紙都報導了醒目的獨家報導、特別專題。

第一位進入中國大陸的人

《聯合報》這份報紙，是代表台灣的有力報紙之一，早期便以保守的論調而聞名。創辦人為國民黨常務委員，也就是黨內最高權力者之一，這份報紙於八七年八月二十三日報導：

「（台灣當局）確立解禁人民訪問大陸親屬的方針。」

以蔣經國總統為領導者的國民黨首腦們，經過數個月慎重地檢討，許可有親屬住在大陸的人民，經由香港等第三國、地區回鄉。

這是一則具衝擊性的消息。台灣的基本大陸政策，是以「三不政策（不與中國大陸接觸、不妥協、不談判）」。四十年以來，連與中國大陸接觸都不被認同，這則消息卻說，大陸出身者也就是外省人可以回鄉了。

暗示回鄉即將解禁的報導，開始陸陸續續地出現，但卻如此這般清清楚楚地登在《聯合報》這份偏當局的報紙。這則新聞立刻刺激到其他的報紙。

九月十一日，緊接著一向批判當局的有力晚報《自立晚報》表明：「派遣兩位記者至北京。」

《自立晚報》是由台南財閥吳三連掌握實權的報紙，對在當時尚是不合法的在野黨民主進步黨，採取相近的立場，很受本省人歡迎。記者李永得（當時為三十三歲）及徐璐（三十歲）兩人，立刻動身出發至北京。

兩人先進入東京，在中華人民共和國大使館取得簽證。行政新聞局立刻警告說：「停止訪問中國大陸！」但吳豐山說：

「進入中國大陸採訪一事，並不重要。對岸的情勢，通訊社已有大幅的報導。重要的是，必須打破三十八年來因政府問題而禁止台灣記者訪問中國大陸的限制。」

他拒絕再提出意見。十四日，兩人一進入北京，《自立晚報》便使用最大限度的篇幅，得意洋洋地誇示兩人的北京通訊報導。這是對當局的公然反抗。

其他的有力報紙，例如《中國時報》命令駐在香港的女記者江素惠飛到福建省厦門。這份報紙也和《聯合報》一樣，創辦人是國民黨的中央常務委員。江素惠小姐是之後搶先揭露天安門事件女傑流血消息的能幹記者，但丈夫是美國籍記者。《自立晚報》兩位記者逼真的通訊報導，是江素惠所不及的。

據稱實際銷售十多萬份的《自立報導》，在各地報攤持續地銷售一空，銷售數量也一舉成長數萬份。連日來，激烈的信件及電話如雪片一般紛至沓來。我一訪問同社的總編輯陳國祥，浮現滿面笑容說：

「派遣記者的問題，在內部經過二十五天不斷的討論，本月九日作出最後決定。第一，我們認為在政府有意解禁訪問大陸人民之際，派遣記者是符合這個政策方向的。第二，我們判斷正因為是民間人士所以和中國大陸接觸並不違法。第三，我們認為為了今後開始的回鄉風潮，必須瞭解大陸的情況。」

陳總編輯幾乎毫不在意當局的警告，對於搶先其他報紙作第一手報導，也露出天真坦率的笑容。捶胸頓足的其他報紙，在懊喪之餘開始引發激厲的採訪大陸大戰，自不在話下。抓住這個觸犯大陸問題的事件的機會，台灣的輿論界突然一舉進入百花齊放、爭妍鬬麗的時代，這象徵著台灣社會踏入了充滿活潑及混亂的時代。

新聞自由化被正式提起，是在翌年八八年一月一日。被稱之為「報禁」的禁止新報紙發行（五一年以來），以及頁數限制（五五年以來），也在這一天進一步被解除了。有力報紙不約而同地決定發行晚報、地方版，開始白熱化的競爭。這是解除戒嚴令之後最初的變化。

《自立晚報》的兩位記者，之後如何嗎?新聞局在兩位記者一回到台灣的同時，也一起提出申誡，以「對前往東京旅行的目的作不實的申請，至大陸旅行」的名義，發佈「最高懲役三年的刑事罰——二年之內禁止至外國旅行。」

接受這項處罰，製作偽造的文書的李永得記者及吳豐山社長，因為偽造公文書的嫌疑而被起訴。但台北地方法院於此年的三月二十四日判決兩人無罪。判決的理由是：「在現行法規之中，並沒有符合這個事件的罰則。」

掃墓

何文德是一個像畫上所畫的質樸木訥的人。他隨時浮現著靦覥羞赧的笑容，戴著度數很深的黑框眼鏡的深處有一雙小眼睛，非常和藹可親。

在台北火車站旁邊，面向中山北路一段的公寓大樓三樓，成立了回鄉促進會的辦公室。在台灣風味的黑輪等攤子並排的街路兩旁，聳立著一幢黯淡的建築物。

我一去拜訪他，就看他總是沾滿灰塵，風塵僕僕地數著宣傳單。

「歡、歡、歡迎，請、請、請這兒坐。」

因為說得太快，所以顯得稍稍口吃。也因此看起來質樸木訥得過份。

「這樣不行呀，因為人過於善良是行不通的哩！」

他曾因我這句話而不悅。

何文德在從事讓老兵回鄉的運動期間，有辦法的袍澤、同伴，早已悄悄地回到故鄉了。《自立晚報》的兩位記者，可不是大搖大擺、大模大樣地前往大陸的吧？畢竟當時仍有顧忌，不能肆無忌憚。這一點就不清楚了。

八七年，僅僅是解除戒嚴令的這一年，有風聲說，一萬人偷偷地訪問大陸。儘管如此，何文德在未取得當局的許可之前，仍沒有採取行動。他說：

「因為我想遵守當局的規定。」

他並不是以眼光銳利地釘視人的樣子說這句話，因為是以如談論他人事情一般悠然自得的口胳談話，所以無論如何都不像在生氣。

一般而言，中國人是非常現實的。「上面如果有政策，那麼下面也有對策。」不管如何，人們總是有鑽營的本領，深諳生存之道，一旦不會找竅門，就無法在這個嚴酷的社會上保命、生存。倘若等待當局修改法律，那麼，就應該努力地尋找口實，讓當局無法推卻、拒絕。

何先生出生於大陸，和長年接受日本統治、受到日本文化影響的台灣並不相同，他一直被中國文化的氣息、氣氛所包圍。然而，本領手腕怎麼看都不夠精明。毋寧說，他似乎更重視「面子」問題。這其中又具有中國人的特性。他說，為了維護形象，他還不能回到故鄉。

《自立晚報》的記者訪問大陸，引起大騷動的九月十六日，國民黨的最高決定機構黨中央常務委員會召開會議，席上，蔣經國總統作出了重要的指示。「人民到大陸探親（訪問親人），必須在原則上解禁。」「這是國民黨根據民意而作出的決定。」

有了這些指示，訪問大陸親人實際上已逐步解禁。旅行社匆匆忙忙招募旅行團員，電器行則開始大賣廉價電氣製品，狠狠地撈上一筆，因為，大陸人民很喜歡台灣性能良好的電氣製品。

訪問從十一月二日起接受申請。才開始受理一個月，申請者已達二萬人。不久之後，這項規定幾乎不再被遵守，外省人不用說，就連在大陸沒有親人的本省人，也逐漸衝向大陸觀光，台灣一舉掀起一股「大陸風潮」。

何文德等待著這項決定，決心回到長年朝思暮想的故鄉。然而，在夢想成真的前一刻，他手邊接到一封來自故鄉的信函。信上書寫：「母親已逝世。」一切都太遲了！還有更諷刺的事，之後一調查解禁訪問親人的過程，就可以觀察研究蔣經國總統如何佈局，考量出解除戒嚴令這項決定。

當時的總統府副秘書長張祖詒，後來在≪中國時報≫上如此說明：

「解禁人民大陸探親，是當時蔣經國總統所推行的一連串政治改革作業的一環，在執行這些政策時，所面臨的最重要的問題，是如何調整戒嚴體制？」

蔣經國在這一年的二、三月左右，指示張祖詒進行有關開放大陸探親，並補充說要考量「人道、骨肉之親」，以及「首先第一要務應是許可老兵回鄉」。

接受指示，解除戒嚴令（七月十五日）的翌日，行政院長俞國華（相當於首相）發表談話：「許可以香港及澳門為第一旅行目的地的申請。」這是默認從香港及澳門進入中國大陸的信號。

我是台灣人

一九八七年七月十四日，一邊擦拭汗水一邊以嘶啞的聲音吶喊著「讓我回家！」的何文德，在他遙遠的頭頂上，歷史正不停地盤旋、迴轉。

「我不知道解除戒嚴令有什麼樣的意義。也預料未到戒嚴令解除之後，回鄉也被解禁了。說起來，我並不關心解除戒嚴令的新聞。然而，戒嚴令解除之後，台灣社會的確產生變化。首先，新聞的論調改變了，即使是保守的報紙，也登載批判當局的報導，描寫政治的內幕。」

「以往我只在街頭分發傳單，破口大罵共匪之類的字眼，但解除戒嚴令之後，分發傳單變得稀少罕見，理解我們的運動人增加了。」

何文德之後如此述懷。

翌年八八年一月，何文德實現了夢想，隔了三十九年之久後回到一向只在夢中的故鄉。故鄉的木造房屋已不復存在，聳立著混凝土的建築物。只留下如黑白照片的光景一般印象的故鄉已變了模樣，令人驚訝的是，車子奔馳著。從前如果要看見車子，可得走上一星期，但現在卻……。

儘管如此，一和台灣相比，就顯得非常貧窮。「這裡落後台灣二十年以上。」他不假思索地喃喃自語道。

姊姊和妹妹仍然健在，姊姊親切和藹地迎接他，妹妹則露出複雜的表情說：「你的一切我記不太清楚了。」從姊姊的口中得知，雙親及家人在文化大革命中（六六年）被鬪爭、受群衆攻訐。在那個混亂及恐怖的時代，原為地主的人或知識份子，都被責難「出身」不好，劃入壞成份的「黑五類」，遭逢集體私刑、屠殺，許多人因此而自殺，或是被殺。

何文德的家人，因為兒子加入國民黨逃至台灣而被欺凌。小他三歲的小弟弟，被剝削食物而活活餓死。一旦居住在台灣，「餓死」這個字眼就像夢境一般迴響著。在文化大革命中苟延殘喘倖存下來的雙親，再也見不到兒子活著的模樣，便撒手人寰。何文德在現今已存在的自宅附近，上了雙親的墳。他抱住墓碑，將頭磨蹭著墓，大聲地哭泣。

「娘，兒子回來了，我回來看大家了。娘，妳去哪裡了？」

結果，何文德沒有留在故鄉，他回到台灣。因為，妻子、讀高中的兒子及讀國中的女兒在等著他，而且，他深感已經習慣於台灣的生活的自己，實在無法在貧窮的中國大陸生活。回台灣不久的三月，便解散了回鄉促進會。

「促進會的使命已經結束了。」

翌日，他創立新的組織「台灣人返鄉權利促進會」，成為其代表人。

「和咱們老兵相反，有些是從台灣被帶到大陸，一直留在那裡歸不得家的台灣人。也有些是充當士兵到大陸去，長久下來一直回不來的。接下來必須考慮他們的問題了。」

台灣雖然開放外省籍人民到大陸探親，但是，住在大陸的本省人卻連要回到故鄉台灣都不被允許。何文德下一次的運動，將是從如何救濟外省籍老兵轉移至救濟本省籍老兵，促進他們返鄉的權利。

何文德在這一年的年末十二月二十三日來拜訪住宿於台北飯店的我。上午八點，我還穿著睡衣，睡眼惺忪地讀著報紙，房間的門鈴響了。

門外站著穿了三件頭成套的藏青色西服的何文德。因為我所知道的何文德，經常穿著有汗臭味的襯衫，所以驚訝於第一次看到他穿西服的模樣。

「究竟有什麼事？」

「今天下午一點半，請來希爾頓飯店四樓的大廳，因為有演講。」

他一邊莞爾一笑，一邊說著。他將請柬放在我眼前，便像一陣風似地離開。

演講會是由當地的扶輪社所主辦，因此有名的經濟界人士、工商企業經營者、律師、醫師一大排、一大列地聚集在一起。本省人的身影特別引人注目。何文德的頭銜是返鄉問題顧問。

「各位，中國大陸因為文化大革命而暴露在紅衛兵們的破壞之下，完全荒廢了，現在仍很貧窮。據稱，在大陸上仍有遠自台灣渡海而來的本省籍老兵一千餘人。他們要回到故鄉台灣，單程至少需要一萬五千元台幣，若再算入機票費，則需二萬元以上台幣。這在台灣或許不是一個大數目，但大陸人的薪水則負擔不足。他們的薪水，是和二十年以前的台灣同一程度。」

「我不是從事政治的人。但是，人民因台灣海峽而被分隔兩地，使人民懷抱回鄉希望渺不可期是不行的，請各位以真心來設法解決問題。」

對於糾纏於中國大陸、台灣之間的問題、糾紛，何文德鄭重地加以說明。本省籍對於這位為了本省人的返鄉問題而奔走的大陸外省人，投送著充滿善意的眼光。

像變成另一個人似的，令人認不出來的何文德，最後如此總結：「我不會說台灣話（閩南語），但至台灣已四十年。我已經是一個台灣人了。」會場上充滿了如雷的掌聲。他所謂的台灣人，既不是本省人也非外省人，而是早有覺悟死後將葬身於台灣的人，將台灣視為命運共同體，和它一起共生死的人，有這種深厚感情的人，才稱得上是真正的台灣人。

他竟然可以如此侃侃而談，令人動容，實在無法想像。曾穿著一件襯衫在街上到處走動，只給人質樸本質印象的何文德，已經不在那些街上了。人是善變的動物，有著無限的可能。雖然看到行為舉止變得精明的何文德很令人欣喜，但是，也有一點寂然的心情，很懷念以前的那個他哩。

在何文德演講的一年多以前，說著相同的話語的他，其實還是一個外省人。此外，是台灣的最高指導者蔣經國總統。蔣經國於一九八七年七月二十七日親自拉下戒嚴令的布幕，終結長期的戒嚴時代之後，召集了地方的老人，和他們懇談。席上，他談到：「我在台灣生活近四十年，已經是一個台灣人了。」

何文德和台灣的本省籍妻子結婚，對故鄉中國大陸已全然失望、死心，決心將來長眠於台灣。蔣經國總統大概是想到何文德所說的話，才說出「我是台灣人」這句話吧。

第二章 奇蹟的舞台背景

蔣經國逝世

一九八八年一月十三日早晨，在台北市內的大直官邸醒來的蔣經國總統，感覺很不舒服，旋即被喘不過氣的痛苦所襲擊。早餐一直無法進食，只能打點滴。

午後一點五十五分左右，突然從嘴巴及鼻子冒出血來，之後氣息便逐漸微弱，在恰好二小時之後的下午三點五十分逝世。死因心臟病發作，享年七十七歲。

消息立刻傳到北京，震驚的中共政府，請求華盛頓的大使館確認消息，大使館人員詢問在美的台灣相關人士的時間，正好是蔣經國逝世十五分鐘之後。這樣的風聲在台北流傳開來。當然，直至此時一切證實消息的方法都付之闕如。

可是，這個傳言愈是流傳，台灣的人們及蔣經國周圍的人士，都懷疑背後是否和中國大陸有關，是不是中共政府在散佈謠言，想打擊台灣的民心士氣？對他們來說，蔣氏一族終究還是大陸人，是存在於某個遙遠世界的人。

發佈逝世消息的翌日，我走在台灣街頭。在日本的話，現在是大寒之前的季節，這一天的台灣卻是不需穿著大衣的暖和天氣。電視及廣播裡，無論轉到哪一個頻道，都是哀悼總統逝世的人士的談話，肅穆的音樂不斷地播放著。政府機關及一部份民宅，掛起半旗，但數量並不是那麼多。

台北市內的榮民總醫院設立了靈堂，遺體被運送至該處，四周環繞著黃色的菊花，無論如何，佈置是非常令人意外的簡單樸素。來探視的人們，以中國人的習慣行三鞠躬禮，在安靜的會場上，偶而響起清徹的哭泣聲，但並沒有驚慌而失控的人。聽到有人說：「和蔣介石總統逝世時相比相當不同啊！」

父親蔣介石逝世當時的七五年，醫院的四周被人們所包圍，跪下或慟哭，一片哀淒之聲。這個時期，曾發生台灣退出聯合國（七一年），美國尼克森總統訪問中國大陸、與日本斷交（七二年）等一連串的事件，在國際社會之中是孤立感較強烈的一方。

相當於九州的大小，人口僅有二千一百萬人的台灣，因為曾接受美國的支援，所以得以與中國大陸隔岸對峙。美國有意拉攏中國大陸，一直有所動作。兩方建交之後，台灣便擔心如此下去是不是會被中共併吞？這樣的不安不斷地攪動、翻騰。

北京方面，魅力無窮的毛澤東主席依然健在。不僅如此，寫下中國近代史的一方之雄蔣介石的逝世，更進一步地使台灣人民感到慌亂不安。蔣介石對台灣人民而言，是既神聖且令人敬畏的人物。

台灣人民這一次冷靜地面對其長男蔣經國的逝世。美國與中國大陸接觸的衝擊已轉淡。中國大陸變成鄧小平的天下，實行其體制，轉移政策為「改革・開放」。從以前重視意識型態的階級鬪爭路線，大大轉變為以經濟改革為目標的現實主義，中國大陸以和平的國際環境為訴求，中國大陸與台灣之間也因此而掀起緩和緊張的浪潮，兩岸的情緒稍有緩和之勢。

台灣本身，持續著實地發展經濟，成長驚人，其經濟力在國際社會佔據重要的位置。蔣經國身處於這樣的時代，一直留給人民精明能幹、能隨機因應時代動向的領導者這種固定印象。

晚年，在浮腫的臉上浮現和藹可親的笑容。他戴著棒球帽、身材短小精悍的模樣，並不會讓人感到指導者往往會有的難以親近的嚴肅。

當然，被稱之為「鐵腕人物」，具有實權的蔣經國，並不僅是容易親近的指導而已。這個人物，在五〇年代的台灣，以「特務頭子」之姿導演了白色恐怖時代這齣戲碼。而在他笑容的背後，有著深沈、陰暗的影子。

然而，晚年他比誰都更積極地進行改革。他的逝世，為台灣帶來一個新的時代，因為，他逝世之後並沒有從這個世界消失。他準備親自迎接新的台灣，但卻壯志未酬身先死。

這位政治家，被認為可以受到更多的注目，贏得更多的掌聲。

成長的軌跡

莊經國於一九一〇年四月二十七日（農曆三月十八日）出生於中國大陸浙江省奉化縣溪口鎮，為蔣介石的長子。母親為毛福梅。曾在日本留學的父親蔣介石，在這一年初次見到孫文，決心投身於中國革命。翌年的辛亥革命之中，清朝瓦解，孫文被選任為臨時大總統，亞洲第一個民主共和國於焉誕生。

蔣家的故鄉奉化縣，目前已變成奉化市。八九年春天我訪問該地時，蓮花如鋪滿了整個城市一般，盛開得好不熱鬧。還有，美麗的桃樹無論在何處都保存得完好。

「現在想起來，真是非常幸福，我在泰山的南麓擁有一間房屋，因為連田地和房屋都一起送給你，所以最好是趕快去住下來。現在這個時刻，房屋的四周，應該剛剛開滿了桃花吧？」

芥川龍之介的小說《杜子春》，以這樣的對白結束。到奉化時，最初浮現眼前的，便是這篇小說的一節。但是，僅僅是佇立在這兒，便沈浸在一種心曠神怡的氣氛裡，令人陶醉。奉化便是這樣的城鎮。事實上，奉化的黃桃罐頭佔了全國輸出額的四十％。

溪口鎮位於這個都市的西北。若再往西北走七十五公里，則可到魯迅的故鄉紹興。溪口鎮上仍留有蔣家的房屋。蔣介石的別墅——三層樓的「文昌閣」，也將蕭灑的形影倒映在緩緩流過的河川上。舊宅被修建得很漂亮，立起雕刻著紅色字體的小石碑，上面寫著「以血洗血」。

這是蔣經國在因為日軍的轟炸而失去母親時立的碑。

蔣經國進入奉化縣溪口鎮的萬竹高等小學就讀，之後，移居至上海進入浦東中學。自鴉片戰爭以來，變成列強蠶食鯨吞的分贓地的中國，由於軍閥及外國勢力的進進出出因而疲弊凋落，在此之際，上海卻由於排外運動而騷動起來，聲勢一發不可收拾。蔣經國也參加了運動，並且擔任示威遊行隊的領導者。

當時，才剛成立的社會主義蘇聯，宣佈放棄原帝政俄羅斯從中國奪取的權利，中國的國民對這個年輕的革命國家表現出狂熱的認同，要求中國、蘇聯締交的聲浪甚囂塵上，而在中國也於二一年成立共產黨。

一面和軍閥對抗，一面繼續從事革命運動的孫文，接受蘇聯所提出的建議，落入「聯蘇容共」的陷阱，完成第一次的國共合作。

父親蔣介石曾視察蘇聯，並擔任廣州黃埔軍官學校的校長。政治部副主任為周恩來。意氣風發、具有理想家氣質的學生，全都蜂湧至蘇聯留學。蔣經國也是這股風潮中的一個。十五歲時，他決心踏上旅途。

二五年十一月，進入莫斯科的蔣經國，進入剛為了紀念孫文而創建的莫斯科中山大學就讀，成為第一屆的學生。他加入共產主義青年團，傾心拜倒於托洛茨基，但托洛茨基本身不久之後便在與史達林的權力鬪爭敗陣下來，失去權勢。

同一時期，鄧小平也到這所大學留學。在這期間為了培養革命指導者而建立的養成所，兩人一起學習革命史。

朋友鄧小平

出生於四川省地主之家的鄧小平，一結束在法國半工半讀的學生生涯之後，就在二六年一月由陸路進入莫斯科。於東方大學學習之後，他轉學到中山大學。

鄧小平也說：「老實說，蔣經國是我的同學。」七八年七月，以副總理的身份訪問美國的鄧小平，在與美國參議院外交委員會亞洲太平洋小委員會的伍爾夫委員長秘談時，提及了這段往事。亞洲太平洋小委員會將這次談話視為「中共政府當局的事件」而記錄下來（之後伍爾夫委員長證實說，政府當局即是鄧小平本身）。

莫斯科時代，和兩人同級的徐君虎（政府協商會議委員）的口述筆記也曾在中國大陸發表（八五年）。據他說，當時的蔣經國和鄧小平是達到可以互相開玩笑程度的好友，三人一起飲酒之後，經常在莫斯科河的旁邊散步。蔣經國對鄧小平的法國時代所經歷的事情，特別有興趣，每次都聽得津津有味。

關於蔣經國，徐君虎評斷他是一個活潑、經常微笑、喜好唱歌、受到全校的學生喜愛的學生。鄧小平於二七年春天回國，經過三次的失勢，最後終於成為中共的最高實權者。二人不久便成中國大陸及台灣的指導者，隔著台灣海峽對峙。在台灣海峽的水面下，有一些意見溝通在進行著，因為，某些傳言也在流傳著，兩岸過去便有著如此的歷史經緯。

在此我想將話題拉回到戰前。在中國，孫文逝世之後繼位的蔣介石，是由廣州開始的打倒軍閥的北伐中脫穎而出。之後於二七年四月發動「四一二政變」，轉而壓制共產黨。再來，同年十二月與宋氏財閥的女兒宋美齡結婚。

蔣經國於二八年轉至列寧格勒的中央軍事政治研究學院就讀，學習政治工作，但此時他希望能回國。不過，當時的蘇聯，正當與父親蔣介石的關係惡化之際，蘇聯不同意他回國。蔣經國成為實際上的人質。

他擔任莫斯科郊外工廠的見習工，每日辛勤地勞動，也曾進入集體農場工作。三三年，被送到阿爾泰山脈，在那裡度過九個月時間。所謂的「西伯利亞放逐」，便是指他在當地從事採礦工人的工作而言。之後，轉移至烏拉爾的工廠，在那裡，他認識名叫芳妮娜的女孩。

蔣經國的父親蔣介石，為了取得政治活動的資金而娶宋氏財閥的女兒為妻，但是，身為兒子的蔣經國卻非常珍惜與在工作地方認識的女孩的愛情。兩人於三五年三月結婚。此時，蔣經國寫信給母親（毛福梅）告知此事，之後，在日本也公開了兩人的婚訊，成為一時的話題。《中央公論》當時刊載了這項消息。

人質時代

「母親大人，兒子經國目前是真正幸福的，這種幸福並不是徒然耽溺快樂安逸的寄生式生活，而是勞動與自由的生活，未來想為了中國的全體同胞而創造幸福。」

「我害怕也許永遠回不了國。我也許永遠不會是應該再回到父親那個愚昧至極的人手中，再受其憐愛的怯懦孩子。」

「他是中國人民的仇敵。也是母親大人之子經國的仇敵，我在中國同胞面前，不得不以擁有這樣的父親為恥。對於這樣的父親，我不僅不會興起絲毫敬愛之心，我認為，如此的人當然應該殺戮、消滅。」

「母親大人現在應該還記得吧？——是誰毆打母親大人，揪住母親的頭髮，將母親從二樓拖扯著推下樓下吧？這不是他——蔣介石嗎？母親卑躬屈膝，懇求不要將自己逐出家門的人又是誰？這也是他——蔣介石，不是嗎？命令我毆打自己的祖母以至死亡的人是誰？這也是他——蔣介石，不是嗎？」

「曾經主張維護農民、工人的利益，卻和共產黨握手言和的人是誰？這是正在將中國置於死地的劊子手——蔣介石，不是嗎？」

「我來這個國家之後，在各種學校學習，但從一九三〇年起，進入工廠擔任職工從事勞動，之後成為技師，現在則位居工廠廠長的地位。這個分工廠有四千名職工，我擁有自己的住宅，每個月廠方發給七百盧布的薪資，但對我來說，最重要的當然不只有生活這方面，毋寧說是精神方面的快樂最重要。」

「近期之內如果可以見到母親大人的話……這對我來說實在是一件高興的事情。如果母親大人可以平安無事地出國的話，我打算無論如何都要和母親相見。

敬祝母親大人尊體健康

兒　經國叩上

一九三五年一月二十三日」

然而，這封信到了後來發展成一件怪事，各方議論紛紛。有人主張說寫信的人是個冒牌貨，假藉蔣經國之名汚蔑蔣介石。據說，是位於莫斯科的共產國際的有力者陳紹禹胡亂地書寫一通，強迫要求蔣經國簽名。

只是異常的表達方式、措辭而已。

但是，蔣經國對於當時莫斯科被放在什麼樣的位置，並不是非常淸楚，而且，他對父親懷抱著複雜的心情一事，早已透露給四周人們了，這倒是可以知道的。

三七年，在朝向第二次國共合作發展之中，蘇聯批下了許可，蔣經國好不容易可以回中國，回到睽違十二年之久的故鄉。他已經二十七歲了。

獵虎行動

傾向於共產主義的經歷，在蘇聯的權力鬪爭之下被命運作弄，受到宛如人質一般的待遇，被強迫從事極為嚴酷的勞動的日子。這樣的經驗，如何給予他的人生陰影？這一點可以很容易想像得到。帶著妻子及長子回到故鄉的蔣經國，在故鄉母親身邊承歡膝下過了一段期間之後，便步上政治舞台。

三九年六月，就任江西省第四區行政督察兼保安司令、同省的贛縣縣長。

江西省是約大台灣四、五倍的二期稻作地帶。它原是一個富庶的農村，位居從上海、南京穿越至廣東這一條路線的交通要衝。然而，因為清末以來的混亂，而使它的疲弊特別明顯。它擁有中國中南部最大的煤礦，工人也相當多，勞動力很高。

周恩來一夥曾發起南昌暴亂，毛澤東也曾以井岡山為革命根據地。三一年，中華蘇維埃共和國在瑞金成立，蔣所負責的贛縣地區，正在瑞金旁邊。統治當然是不容易的，並不是和共產黨的對立，而是因為山多，所以小型的村落也很多，地痞流氓所到之處劃定地盤，魚肉鄉民。

蔣經國縣長在當時似乎是一個異類，相當特立獨行。他擁有公務車，卻使用自行車，或是穿著草鞋走遍他所管轄的十三縣。星期一的午後，他打開縣政府的門，招待居民，聆聽他們的申訴。他也曾喬裝成賣麵的街頭小販，闖入賭場。也有人說，他悄悄地上茶館，和地方上的人士交談。他重視年輕人的教育，創建中學，並孕育三民主義青年團。

尤其引人注目的是，他對鴉片、賭博、私娼展開強烈的取締。當地的農民以「蔣青天」稱呼他，意思是他像「包青大」一樣，是個優秀廉明的官吏，這個稱乎一直被流傳著。

之後移居台灣，歷任行政院長、總統時，他也很頻繁地視察現場，斷然採行嚴厲取締不法的措施。另一方面，則戮力於人才的培養。蔣經國政策的特徵，全都在此一時期顯現出來。因此，有人說進入台灣的蔣經國只是為了贏得民心才持續地方視察的工作，對於這個人物，人們也許給予了錯誤的評價吧？

蔣經國進入上海時，是國民黨開始逐漸出現敗勢、節節敗退的四八年。在日本敗北，國共內戰正式搬上枱面的時分，國民黨軍隊接受美國的援助，展現壓倒性的強勢。然而，四七年六月人民解放軍開始反擊，很快地勝負便見分曉，國民黨開始處於挨打的地位。蔣介石在這樣的局勢中任命蔣經國為上海區經濟統制監督官。

「蔣經國打老虎」這一句話，至今仍留存著。這是指上海時代取締不法的嚴厲程度而言。在這裡，他逮捕了杜月笙的次子杜維屏，杜月笙正是成為傳奇人物而廣為人知的上海黑街老大。

「由於這次事件，花費數十年歲月才建立起來的《上海皇帝》的名聲，一瞬間成為蹂躪糟蹋的泥鞋。這對杜月笙來說，簡直是比死更難以忍受的恥辱。」

上海報紙《新民晚報》的連載報導為基本而歸結成的《大亨》一書（沈寂著），非常清楚地傳達了當時上海的氛圍，將上海有聲望、有權勢、有頭有臉的人物的行徑，描述得栩栩如生。上海就像打翻水桶一樣，鬧得天翻地覆，形勢非常緊張。

標的是投機業者、囤積物質壟斷市場的所有業者，矛頭不僅指向杜氏的二子，甚至也波及揚子公司。負責人為四大家族之一，宋美齡姊夫孔祥熙的兒子孔令侃。

孔令侃向姨母宋美齡哀求，向搜查行動施加壓力。不久之後，杜維屏被無罪開釋。蔣經國在十一月政府一佈告撤消經濟統制令就辭職了。

蔣經國嚴厲的指摘揭發，雖曾在城失守前夕的國民黨綻放出光芒，但這也只是一瞬間而已，不久之後便被埋進歷史之中。

國民黨統計軍事費用，為了抑制歲入的赤字，逐漸地發行新鈔，引起毀滅性的通貨膨脹。上海的躉售物價指數，三十七年六月為一百，但四八年八月已達五億六千萬。受到共產黨人民解放軍的猛烈攻擊，國民黨軍隊在各地潰敗逃散。

四九年十二月，蔣介石轉移至台灣。蔣經國根據指示，遷移中央銀行的財產，自己已進入台灣。不久之後，他便集父親的信賴於一身，鞏固了後繼者的地位。

特務頭子

蔣經國為外界所知其存在，是在五〇年代中期。但也在這個時期，他突然被貼上「特務頭子」這個不名譽的標籤。一九五四年二月，從台灣流亡至美國的吳國楨，對著電視攝影機指摘，是這個稱號的由來。

「國民政府的做法和共產黨的手段並沒有不同。因為連我自己這個台灣省主席，都可以感受到由於和特務鬪爭而從不間斷的生命危險。」

此一時期，蔣經國實際上一直在推進掌控特務機關的工作。

吳國楨出身於清華大學，取得美國普林斯敦大學的博士學位，也曾擔任過上海特別市市長，移居至台灣之後，雖然擔任台灣省主席，但和蔣氏父親對立，離開台灣。在美國，他的評價非常高，曾被稱呼為「民主先生」。因此，他的發言有著極大的影響力。

蔣經國所統治的台灣，「到處滿是特務」的印象在往後仍根深蒂固地留存下來。我自己本身在他仍健在的八七年一想初次採訪台灣，就受到資深記者的警告，還記得他說：「因為特務充斥，要多小心注意。」我回憶起，我心中想著：「也許會被二十四小時監視行動。」以悲壯的心情降落在機場。

事實上，被逮捕、被貼上標籤的擔心是多餘的，也沒有不愉快的經驗。雖然也寫了批判性的報導，但既未被沒收，也沒有受到不平的待遇。不過，國民黨本部及行政院官署之前，經常總有二十歲左右、穿著便服的青年在閒晃溜達，也看見出入其中的人士。我看到的不僅是這些。他們一在台灣民主化有所進展之後，就很快地消失踪影。尤有甚者，當我到立法院採訪，被一位立法委員告知：

「那位委員是C•C派（特務機關）。那些人是藍衣社的同黨。」

我像對三〇年代的中國很迷惑似地，被勾起了一種很奇異的感覺。

C•C派由於是陳果夫、陳立夫兄弟所創立的派系，因此，有人說所謂的「C•C」便是指中央俱樂部（Center Culb）而言，或者取陳氏（CHEN）兄弟姓名的第一個字母而成。藍衣社由於是以戴笠為領導者，結合黃埔軍官學生學校的畢業生而成，因此受到義大利法西斯份子運動的影響。所謂的藍衣，是出自國民黨的禮服藍色中山裝的稱謂。兩者都被視為進行白色恐怖活動、脅迫、收買的組織，人們無不害怕、恐懼。因為以三〇年代中國為背景的電影之中，一定都會出現的恐怖主義一詞，所以日本人也應該是耳熟能詳吧？

一年逮捕超過四千人以上，殺害無辜的C•C派，和藍衣社形成激烈的競爭，三五年，被統合為「軍事委員會調查統計局」。三年之後，再度被分割為「軍事委員會調查統計局」（軍統）及「中央黨部調查統計局（中統）」。特務便如此這般地被編入當局的一個機構。

後繼工作

蔣介石總統似乎有意想將黨、軍、特務、行政的權力完全集中於兒子蔣經國一人身上。雖說他信任兒子，但若從反面來說，則也許是他只能信任兒子一人。他在大陸曾遭到數次的背叛。這些經驗一直如夢魘一般，甩也甩不掉。

五〇年二月，他在國防部之下建立總政治作戰部，讓蔣經國擔任主任。蔣經國在接受這項任務之後，著手進行軍隊的政治工作。在每一個中隊配置一位政治將領或校級軍官，強化政治教育、監控思想的工作。在這些工作背後，有其理由。

辛亥革命以後的中國，處於軍閥割據的局面，這雖是將政治工作擴及國軍，但對中國的近代史而言，卻是一項悲壯的決心，當事者莫不誓願實現，因此，中日戰爭一結束，就立刻著手進行政治工作國軍化。然而，事實上國共內戰一開始，共產黨便滲透軍隊內部，將校、士兵逐漸地倒戈投敵。

總政治作戰部便是因為這個痛苦經驗而被建立的，自然而然地，國民政府軍、國軍的發想被除掉，不得有個人的想法，結果，軍隊變成國民黨的軍隊，旋即成為蔣家的軍隊。

蔣介石又意圖整頓、統合特務組織。為了要整頓軍統、中統、憲兵司令部、台灣省保安司令部等特務組織，在總統府設立機要室資料組。之後，昇格為總統府資料室，任命蔣經國為主任。這麼一來，機密情報全都集中在他的身邊。

共產黨也經常利用間諜。其中，被形容成「周恩來的棄駒」的熊向暉的事件，是最有名的。戰前，進入國民黨成為胡宗南將軍的機要秘書的熊向暉，是一個共產黨間碟。他在國共內戰期間，持續將國民黨的機密情報傳給共產黨。之後回到北京，將回憶錄發表於《人民日報》，說明周恩來如何派遣自己擔任間諜。

熊向暉似乎相當受到國民黨幹部的信任。自己結婚之際也邀請黨內幹部擔任介紹人。這個人不是別人，正蔣經國。蔣經國死後，以什麼樣的想法回顧這次事件呢？不妨想像看看。

共產黨與國民黨利用間諜、特務去互相欺騙，也彼此互被欺騙。因此，兩黨自後被分裂為中國大陸及台灣之後，也持續激烈的間諜戰，檢舉、告發從不間斷。當然，現在也仍持續著。舉例來說，在宋楚瑜擔任國民黨秘書長時代的八九年六月，在台灣的雜誌《遠見》的訪問上，他回答說：「以往的大陸工作會的工作，是側重於敵後人員（配置於大陸的工作人員）的情報，只停留在戰術上的層次。」

這段談話，有如將國民黨維持大陸上的間諜網路一事公諸於世一般。

掌控了特務機關的蔣經國，不消說也在台灣推展猛烈的檢舉、告發活動。尤其是五〇年代共產黨拼命地從事「狩獵間諜的行動」。不僅是間諜，連一般的台灣籍政治活動者，相繼地被逮捕。

因此，正如吳國楨所主張的，台灣是「特務政治」，這一點是無庸置疑的。如果說，蔣經國是否確實意圖暗殺他，那這個猜測就很難說了，並無明確的答案。

的確，吳國楨曾推進其台灣時代的民主化，打出採用本省人這張牌。然而，在上海市長時代，他和嚴厲取締敗德商人、財閥的蔣經國對立。吳國楨和上海的教父杜月笙很親近，另外也被認為是和宋美齡有關的大奧派一員。

反駁宋美齡、逮捕杜氏次子的蔣經國，從上海時代起和吳國楨便關係不睦。即使移居至美國，吳氏也從不隱瞞感情上對於和蔣經國的不融洽的不快，而重複地提出激烈的批評。在如此的脈絡之中，他產生了批判特務政治的發言。

蔣經國通過五〇年代，逐漸地專心致志於大海水面下的活動，不太呈現在表面上。此一時期的台灣，表面上蔣介石總統已站穩腳步，由陳誠這位精於實務的長才推動實際的政策。以溫和老實的人品而聞名的陳誠，在土地改革上發揮了才能。

而一方面，蔣經國則致力於建立人脈。首先，他創建應說是「蔣經國版黃埔軍官學校」的政治工作幹部訓練班，培育軍人。另一方面，他創建中國青年反共救國團（五二年十月），成為主任，培育黨內的年輕人才。這和曾經存在的三民主義青年團是一樣的，很快地成為支撐蔣經國的基礎。

這和中國的共產主義青年團如出一轍。

國民黨外省人在台灣是少數派。為了以少數壓制多數，而實施徹底的管理。如減少既有工會的會員，禁止工會的串聯併合，再者，禁止政黨的設立。這些都是當時的鐵腕措施。在野黨方面，御用政黨青年黨、民社黨都被除去，禁止其存在。

經濟奇蹟

戒嚴令之下的國民黨台灣，從當初便被看作是「風中之燈」，岌岌可危。因為，美國已遺棄了它，不具任何希望。

美國判斷國民黨的失敗原因，在於其腐敗及無能。認為再作更多的支援已經毫無意義。杜魯門總統於五〇年一月發表聲明不再干涉台灣事務的方針。

經過抗日戰爭、國共內戰，接受龐多的支援卻仍然不能留存的國民黨政權，被認為也許會因此消失於歷史的彼方。但是，韓戰發生了。美國考量到所具有的戰略上的重要性，立刻派遣第七艦隊至台灣海峽，使支援變成正式的幫助。

已變成死灰的台灣又復燃了，一轉而為展開島內建設。因為退出聯合國等事件，而在政治上遭受被國際社會孤立的苦難，但在四十年之後，卻以日本的六分之一人口，迎接以世界第一位外匯存底為榮的時代。這個小島的繁榮，被稱呼為「台灣的奇蹟」。

然而，奇蹟並非從天而降的。雖有種種幸運，但也累積了克服不順遂的努力，在奇蹟的舞台背後，有著重複不斷的平凡事蹟。

首先，土地改革的成功被列舉出來。以日本來說，由於美國佔領軍而解放了農地。由於敗戰，這項大事業成為可能的。台灣的情形也是一樣，在從日本殖民地支配解放出來的時期，大地主一直繼續存在著。然而，從大陸逃難而來的國民黨外省籍指導階層，和他們並無利害關係，更何況因為不是自己的土地，所以並不感到要抵抗農地解放，於是實施公地放領、三七五減租、耕者有其田等政策。也就是說，關於農地問題，外省人和佔領軍是站在相同的立場。

原本台灣在日本統治時代使鐵路、道路、港灣等基本建設資金相當充實之際，業已達成可稱為初步性的工業化。有了財閥的投資，製鐵、機械、化學工業、紡織紛紛興起。再者，由於教育的充實，優秀的人才、素質良好的勞動力也一應俱全。

自五二年起的二十年，ＧＮＰ（國民總生產毛額）成長了十四・五倍。最初的十年，根據記錄成長率平均為七・七％，接著的十年則為一一・一％。然而，這段期間並未引起顯著的通貨膨脹。中國大陸由於大躍進政策的失敗、飢饉、文化大革命而產生的混亂，仍繼續迷失的期間，台灣只顧一個勁地步上經濟成長的道路。

擔綱演出的人，既不是蔣介石也不是蔣經國，毋寧說是陳誠。具有人望，得到經濟官僚及本省籍財閥協助的陳誠，在經濟政策方面發揮才幹，有一時期被視為蔣經國的勁敵，然而，他因為身體虛弱而於六三年卸下行政院長之職（當時兼任副總統），二年之後的六五年三月，因肝癌而逝世。

建設台灣

台灣的地位一鞏固下來，蔣介石就再次考慮「反攻大陸」。美國反對這項行動。中國人民解放軍持續砲擊金門的五八年十月，訪問台灣的國務卿達雷斯發表與蔣介石之間的共同聲明。「（大陸光復之後）相信要實行孫文的三民主義，並不是行使武力可以解決的。」

根據這份聲明，台灣的國民黨事實上已被迫放棄了對中國大陸的武力反攻。即使如此，對反攻大陸念念不忘的蔣介石，仍推展強化戰爭準備的工作。

美國非常憤怒。公開了記錄國民黨獨裁、腐敗情形的外交文件，且甘迺迪也露骨地警告說：「對中國大陸採取行動等於是自殺行為。」（六二年）

若無美國的軍事支援，則反攻大陸必不可能。國民黨將力量集中於台灣的建設，由於其繁榮及成功，僅僅剩下對抗中國大陸一途可選擇。蔣介石直到最後仍念念不忘反攻大陸，但其後繼者是個現實主義者。他可以採納美國的意向。

在台灣轉移目標至島內建設之中，蔣介石的實權逐漸地轉移至蔣經國手上。蔣經國最初所從事的事業，是救濟退除役軍人，也就是對何文德這一群老兵的救濟。五六年四月，他就任行政院退除役官兵就業輔導委員會副主任委員。著手進行台灣橫貫公路（全長三四八公里）的建設、為了退役軍人而設的榮民總醫院的建設。

統合特務機關，且培養人脈的蔣經國，於六五年就任國防部長。自此之後至七二年就任行政院長的七年之間，是父子世襲制度的完成期。七二年擔任行政院長的蔣經國，取代了開始出現衰退表象的蔣介石，掌握了黨、軍、特務、行政的所有權力。此一時期的蔣經國已經沒有任何對手。

縱然可以說是冷戰時代，權力仍集中於蔣家，周圍人士當然莫不認為，讓父子世襲職位好嗎？這樣簡直是王朝支配的另一種型式，從民主體制倒行逆施至君主體制？國內外產生一種強烈的印象，認為所謂的國民黨支配，是獨裁體制。

可以說，就任行政院長的蔣經國，顯示出是和父親不同氣質、不同類型的人。他在第一次行政院會議（相當於閣僚會議）中談到：

「在做人上要平凡，在名利上要淡泊，在工作上要平實。這六個字是有必要的。現在仰賴個人力量的時代已結束了，是團體行動的時代。閣僚必須深入民間，深入問題的核心。」

這次演說，是對毛澤東與蔣介石對峙的英雄時代的告別致詞。當然，蔣家獨裁這項事實並未因這樣的致詞而有所改變。然而，這位獨裁者照著他所說的話，默默地、著實地投入工作，運籌帷幄、掌控自如。

蔣經國院長首先大量地採用本省人。原本一向由外省人獨佔席位的台灣省主席這項職務，第一次起用本省籍的謝東閔，並拔擢之後成為總統的李登輝擔任政務委員（閣僚）。再者，策定南北高速公路、建設台中港、石油化學工業、中正國際機場等十大建設計劃（當初為九大建設）。七五年父親一逝世，他就成為國民黨主席，七八年就任總統。

斷然實行民主化

投注心力於台灣建設的蔣經國，到了晚年突然急於實行民主化。一九八六年三月，他在國民黨十二屆中央委員第三次全體會議（三中全會）所指示的政治改革，是民主化的開端。三中全會結束不久，他在黨中央常務委員之中設立十二人小組（特別委），讓成員立刻進行政治改革的檢討。結果，決定了如下的內容，以作為應該改革的具體內容。

一、戒嚴令的存廢問題。

二、調整中央民意代表機構（國會）。

三、解除禁止設立新黨（在野黨）的法令。

四、地方自治法制化。

換言之，即是解除戒嚴令，且承認在野黨的存在。所謂的調整國會，則是改選國大代表、立法委員（此一時期，令人驚訝的是，台灣的國會一次也未全面改選，被稱之為「萬年國會」）。除了地方自治法制化之外的三項指示，是關乎政治根幹的問題。事實上，這些決定是使往後的台灣產生劇變的基礎。

大膽的改革，當然刺激到從大陸逃難而來的外省籍幹部。尤其是國會議員們，更是憤怒異常。未接受過選舉的洗禮、久居其位的他們，認為一旦改選什麼的，那就會被剝奪所有既得權益，這是關乎死活的問題。

儘管如此，蔣經國並未退怯，延遲民主化的實行。這一年的十月八日，他在黨中央常務委員會進行重要的演說，其內容也許將會永留台灣的近代史上。

「時代改變了，情勢改變了，潮流也改變了。」

「因應這樣的變化，即使身為執政黨也需採用新的觀念、方法，根據民主憲政體制推進革新措施。」

承認時代的變化，改變台灣——蔣經國如此宣言。而下定決心實行民主化的，也或正是因為他是一個獨裁者。如果沒有掌握一切權力，被稱之為「強勢者」的蔣經國，那麼在保守派有力人士及大老並列的國民黨，只有這些改革是不可能的。正因為是獨裁者，所以可以實行民主化，這似乎可以說是歷史的一大諷刺。不過，當時蔣經國被放置的位置一定也不易定位。

台灣在國際社會上的孤立，在八〇年代後半已達到無法自拔的地步。中國大陸鄧小平完成奇蹟式的復活之後，打出改革、開放政策這張牌，在國際社會上，踏出一大步。締結邦交的國家數也逐漸增加。世界對中國大陸投以善意的眼光。

八六年二月，菲律賓發生二月革命。馬可仕王朝瓦解。要求民主化的聲浪，在亞洲一齊抬高。在這樣的氣氛之中，台灣並未改變本質，發生被認為和特務脫不了關係的白色恐怖事件、暗殺事件。美麗島事件（高雄事件）及陳文成事件，以及留名台灣史上被稱之為政治醜聞的江南事件，都是其中的例子。

烏雲密佈

七九年，反體制派勢力（被稱之為黨外人士）發行雜誌《美麗島》，創刊號成為超過十萬份的大暢銷刊物。雜誌相關人士感受到這股高漲的氣氛，情緒也為之沸騰起來，於世界人權日的十二月十日，在高雄市內召開集會。聚集的群衆以為了示威行進而拿的火把柄痛毆警官，使不少警察負傷。雜誌相關者被追究責任，一齊受到檢舉告發。這便是美麗島事件。

八一年夏天，回台期間的美國卡內基・麥倫大學的陳文成教授，發生橫屍於台灣大學的事件。然而，已知陳教授在前一天被傳喚至警備總司令部。當局發表原因為自殺，但人民並不相信。

不過，比這更決定性的事件，是在舊金山發生的美國籍新聞記者江南的暗殺事件。

八四年十月，以《蔣經國傳》而知名的江南（本名為劉宜良），在自宅的車庫被人襲擊。兇手在江南的臉部及腹部上一共開了三槍就逃走了，江南立即身亡。

不僅是當地的市警局，連FBI也出面搜查，追查出兇手為台灣的黑幫「竹聯幫」的陳啟禮、吳敦、董桂森三人。三人很快地回台，但留給友人的口述錄音帶成為契機，犯行的動機背景開始浮上枱面。

根據錄音帶的內容，查明命令他們暗殺江南的，是國防部情報局局長汪希苓（

海軍中將）、副局長胡儀敏（陸軍中將）、第三處副處長陳虎門（陸軍上校）。

再者，美國的報導窮追不捨。有報導說，事件的黑幕是蔣經國的次子，且任職國家安全會議副秘書長的蔣孝武所主導。這項報導被傳佈開來。蔣經國有四名子女，長子蔣孝文體弱多病，蔣孝武被視為繼承者候選人。

八三年八月，菲律賓的總統候選人貝尼庫挪•艾奎諾被射殺，在發生這件令人震撼的事件不久之後，美國的傳播媒體，將矛頭集中於蔣經國的獨裁政治，大加攻訐。

事態逐漸地惡化下去。審判的結果查明，甚至連特務和黑道份子的掛勾也被表面化，一一揭露於世。電影導演白景瑞在自己所主辦的宴會中邀請了汪希苓及陳啟禮，並為兩人介紹、牽線。蔣經國的弟弟蔣緯國也同在這個宴會席上（並未出現任何蔣緯國和江南事件有所牽扯的證據）。

八五年，當局發覺以台灣最大的信用合作社「十信」為中心的不正當融資事件，引起金融風暴，財政部引咎辭職，連國民黨第二號人物（當時為秘書長）也辭職，形成騷動。

在慘澹的狀中，八五年八月接受美國雜誌《時代》的記者採訪的蔣經國，作如下的宣言：

「我身為總統，有責任維護憲法及民主法治。關於今後的總統，讓蔣家一族繼任一事，我從未考慮過。」

蔣孝武由於此事而從蔣家王朝的後繼者跑道脫隊，失去競逐的資格。雖然蔣經國的異母弟，國家安全會議秘書長蔣經國的繼承說也甚囂塵上，但這個人選也不可能。江南事件的衝擊，是如此之大。

蔣經國在事件不久之後入院，進行右眼白內障手術。他一出院，同年的十二月，就在憲法施行三十八周年紀念集會上肯定地說：

「繼承者問題只存在於專制國家、獨裁國家。在根據憲法而成立的中華民國，並不存在繼承者問題。下一任的總統，應根據憲法由國民大會選出。如果我被問到我的家族在下一任總統人選已推出候選了嗎？那麼，我的答案是當然沒有，而且也不可能。」

蔣經國為何踏出民主化的腳步呢？當時的總統府副秘書長張祖詒，後來被《中國時報》問到：

「當時，由於特殊的事件及來自外界的壓力，曾使他決心加速推進改革嗎？」

他回答說：

「那數年間，國內外發生『陳文成事件』及『江南被殺事件』，這些事件的後遺症像風波一樣掀起漣漪，產生極大的影響。」

擔任蔣經國的英文秘書的馬英九，於八八年透露這樣的回憶：

「關於解除戒嚴令，自五年前起蔣經國先生便命令我蒐集資料。」

也就是說，蔣經國在陳文成事件二年後的八三年開始考慮解除戒嚴令。而且，江南事件後的八六年，也考慮決心實行解除戒嚴令的方法。

兩種面貌

蔣經國有兩種面貌。一種是特務頭子、壓制反體制份子的面貌。現在的一種，則是戴著棒球帽、穿著運動夾克巡迴地方，豁出身體拼命作改革的溫和安詳臉孔。兩種面貌，在他身上毫無矛盾地共存著。無論在江西也好，上海也好，或是台灣也好，都是如此。實施猛烈厲害的取締、遏阻不法，另一方面，他巡視現場、培育人才、進行改革。

至少可以這麼說吧！蔣經國一面被追逼得走頭無路，一面敢選擇大膽的改革之道。人通常一被窮追死逼或責問發難，就反而會反彈、振起。愈是擁有權力的人，愈是如此。蔣經國在此一時期，是一個完全的獨裁者。對這種人，要他們退後一步是很困難的。若是凡庸的指導者，則也許會拘泥於自己的自尊心。

父親蔣介石有一時期君臨中國大陸。也許在他晚年的最後時刻之前，他仍想著回到中國大陸吧？和孫文一起將革命視為目標，想要建立近代社會的蔣介石，實際上是信奉儒教，完全浸淫於這個世界之中。對他而言，孫文的三民主義將他的中國哲學具體化。蔣介石是中國文化正統的繼承者。

蔣經國在莫斯科學習馬克斯主義，在農村及工廠嘗受辛酸，在台灣歷經各種過程好不容易才成為指導者。一生勞苦的他，認為與其追逐反攻中國大陸這個夢想，倒不如建設台灣。這個想法的延伸，便有民主化。

由於父親的勸誘而信仰基督教的蔣經國，在從事軍事行動之際也是手不離聖經，一個人埋頭耽讀，專注而出神。他喜好徒步旅行。伏特加酒是最喜歡的東西。

晚年，身體逐漸虛弱。八一年左右開始，眼睛的情況不尋常，翌年三月，因為左眼視網膜症而動手術。由於糖尿病，腳部有神經痛的問題。八五年，動右眼白內障的手術，翌年四月，因為心臟不整而裝入起搏器。

也曾在接待訪客之中，他的腳部開始疼痛，訪客一回去的同時，他叫出一大聲，呻吟起來。他是否因為意識到自己的餘日不多，所以晚年才無論如何都要急於改革？有時，他也會說：「作業遲緩延宕。」而在半夜緊急召集幹部。

由於父親的力量，而建立使國民黨、軍、行政、特務及一切權力集於一身的機構的蔣經國，到了晚年，他有意完全以自己的手將這些機構全部破壞。

解除戒嚴令之後的八七年十月，他第一次以輪椅出席國慶日慶祝大會（總統府廣場），給予人民極大的衝擊。更令人震撼的是，此年的十二月二十五日，在憲法施行四十周年紀念儀式上所發生的妨礙演說事件。

儀式從上午九點起在台北市的中山堂開始舉行。正當輪椅上的蔣經國於約千名觀衆開始演說之際，在野黨（當時為非合法政黨）民主進步黨的國民大會代表十一人，突然站立起來，意圖站上演講台。民進黨代表舉著寫著「全面改選」之類辭句的布條，衆口一聲地高呼「改選」，和國民黨相關人士對峙著。在混亂之中，蔣經國總統中止了演說，並由國民大會秘書長何宜武代讀總統所準備的稿子。

蔣經國自二、三天前起發燒之際，四周人士便說服他打消出席的念頭。儘管如此，他還是勉強出席。這是因為，這次的演說無非是訴求國會議員年輕化、國會改革。然而，這次演說在怒吼之中被完全抹殺了。

台灣大概從未曾發生這樣的事件。蔣家迎接其「晚年」，是任何人都看得很清楚的。被稱呼為「蔣家王朝的繼承者」、「國民黨的特務頭子」的男人，向政治改革挑戰，坐在輪椅上已日漸凋零、疲倦至極的身體，離開了歷史的舞台而去。

第三章

王朝的瓦解

台灣籍總統

蔣經國逝世之後，指導部立刻顯示其動向。國民黨在他逝世（一月十三日下午三時五十分）開始僅三小時之後，在中央黨部緊急召開臨時中央常務委員會，昇任當時的副總統李登輝為總統。

憲法的規定為：

「總統缺位時，由副總統繼任，期間為至任期期滿為止。」（中華民國憲法第四十九條）

這可以說按照規定的因應之策。然而，也有不自然的動向。那就是此次會議席上的情形被帶入電視攝影機的鏡頭。通常，國民黨的中央常務委員會是不攝入鏡頭的。為何特意做這樣的事呢？

有人說是新指導部想要展示其民主的一面。其實這並無特殊的用意，國民黨完全沒有這樣的餘裕。無論如何，他們判斷必須儘速決定指導者，將這個決定明確地展示在國內外。李登輝的宣誓儀式，於晚上八時八分舉行。是蔣經國逝世之後僅四小時的事。

國民黨的某有力人士之後吐了一口氣，如此說道：

「這四小時是很重要、很漫長的。只用了四小時宣誓就完成了，一旦將這個既成事實傳達給國民，則新指導部便可以開始運作。如果再經過一段時間，那麼不曉得要發生什麼事了。」

他們恐懼什麼？為什麼而焦急呢？其真正原因，很快地便顯露於表面上。

新總統李登輝是本省人。在外省人擔任統治階級的台灣，本省人位居最高領導階層，在此一時期是近乎奇蹟的。而且，在以李登輝為中心而開始運作的指導部，有四位具有實力的人士，這四人全都是外省人。

受到保守派的支持，而在行政院擁有基礎的行政院長俞國華，服侍蔣家父子兩代，一貫以來負責財政經濟事務，被稱之為「蔣家的掌櫃」。

還有一人是蔣經國的直系部屬，被視為外省籍改革派的國民黨秘書長李煥。身為黨內第二號人物的他，以擁有龐大的黨內人脈而知名。

再者，是一手獨攬軍事大權的參謀總長郝柏村。他是天生的軍人，自八一年以來，已擔任七年的參謀總長。

另外，第四位實力者是蔣經國的異母弟，在情治機關（情報、特務機關）擁有力量的國家安全會議秘書長蔣緯國。蔣緯國和留學於蘇聯的兄長相反，他留學於納粹時代的德國，成為第九八射擊手連隊的少尉，並曾參加侵攻澳大利亞行動。

相對於此，位居最高領導的李登輝，是專攻農業經濟的學者出身。如果未在政治的修羅場鑽營、打滾過，那就沒有派閥。基礎是極度地脆弱，且不會令人感到貪慾不足。他被視為力量不及四位外省人。

新指導部也許一邊當面互相畏懼於四位實力者，一邊採取集團指導體制，逐漸地再度架構新的權力體系吧！通曉台灣情勢的人衆口一聲如此說。有人害怕地說，如果某個實力者之一拉下李登輝的話，那麼，政局就會一舉變動不安。

李登輝被認為是一個具有開明思想的人，被看作改革派。因此，最具反感的人，大概是外省籍的保守派。一開始起就有人這麼說。而且，按照此預測，保守派開始出現動作，採取行動。發端為環繞國民黨繼任主席的一連串問題。

蔣經國兼任相當於大統領、國家元首的總統及國民黨主席職務。保守派開始主張，近日應該將行政院長俞國華安置在國民黨主席的職位上。如果俞國華位居黨的最高領導者，那麼，就可以讓本省人和外省人互相分配重要的職務。如此一來，不就可以取得平衡？

另一方面，佔人民壓倒性多數的本省人，輿論一致熱衷於有一位出生於台灣的總統，近乎狂熱。此一時期，和李登輝最為親近的有力人士為李煥，兩人加深合作，形成改革派陣線。再者，郝柏村和李登輝的關係也不惡，在李登輝就任總統之際，最早代表軍方打出支持李登輝的鮮明旗幟。如此一直下去，就有可能逐漸變成保守派與改變派的正面對立、衝突。國民黨高層似乎也考慮到，一旦問題形成了，似乎也只能圖謀決定了。

十五日，國民黨匆促地作出決定：

「黨主席的後繼者問題，俟前總統蔣經國一個月的服喪期間過後再決定。」

可以說，對於黨內部如何運作，並不清楚。

舉例來說，蔣經國逝世五日後的十八日早上，國民黨十二人小組，雖然討論了自蔣經國時代起的懸案──國會改革問題，但意見分歧，就一如原樣地散會。失去蔣經國的向心力，採取集團指導體制的新指導部，也立刻在內部開始顯示出傾軋的跡象。

在這樣的時候，從黨內突然不斷地有一些表態的動作出現，令人應接不暇。

同一天，三十九位國民黨籍的立法委員要求讓李登輝總統就任國民黨代理主席，開始進行聯名簽署活動。此一活動給予黨內外極大的衝擊，引起連鎖反應。

首先，翌日有力報紙《中國時報》在社論中明確地表態支持李登輝總統。同一天，接著是二十二位國民大會代表蒐集支持李登輝的署名。隨後在二十二日，監察委員開始聯名簽署，翌日，其人數達到四十六人。

在此，關於台灣國會的架構，先來簡單地涉獵一下。相當於日本國會的機構，在台灣稱之為中央民意代表機構。審議預算案、法案的立法院；選出正副總統、具有修改憲法權限的國民大會；執行彈劾公務員的監察院。換言之，將日本國會所具有的權限，分配於三個機關。

正如已經敘述過的，國民黨自移到台灣以來，在這些國會機構，一次也未進行全面改選（尤有甚者，來台之後，國會議員的一定數額增加了，關於其分配權限本身，雖然分工細微，但選舉仍一直在舉行）。

原因在於，當局說：「雖想實施選舉，但因為大陸被共產黨所佔據，所以並不可能。」國民黨政權主張說，唯有自己才是代表中國大陸的唯一政權。因此，如果佔絕大多數的國會議員是在大陸選出的話，那麼，就是與國民黨一起進入台灣的外省人了。

序戰

抬高支持李登輝聲淚的，是在台灣被選出的增額國會議會。他們從今以後也必須在台灣接受選擇的洗禮。當然，本省人的心情不得不變得敏感。改革派的國民黨秘書長李煥，沒有忽略這一點，採取機敏的行動，靈活地應變。自二十三日起，率同副秘書長，走訪於黨中央常務委員之間，開始投入選出李登輝的「佈椿」工作。

黨中央常務委員為三十一人，當然，外省人超過半數（本省人為十四人）。然而，李煥在僅僅三日之間，蒐集除了李登輝本人之外全體委員的簽署，聯名支持李登輝。

在常務委員之中，也有對抗人馬行政院長俞國華及保守老派指導者，但仍簽署。不消說，其中某些人半公開反對選出李登輝。然而，輿論的動向形成壓力，他們不得不簽署。

所謂輿論的動向，是指被選立為蔣經國的後繼者的李登輝，應該和蔣經國一樣，兼任總統及國民黨主席，推進改革。外省籍保守派也表示了不再干涉的意向。

使李登輝贏得序戰，推動輿論的是由立法委員所發起的聯名簽署活動。站在先鋒位置，率先簽上姓名的是國民黨年輕一輩的新希望——立法委員趙少康。

出生於一九五〇年的趙少康，此時為三十八歲，父親是河南省出身的外省人，但本人在台北出生，是外省人第二代。他畢業於台灣大學、美國南卡羅萊納州立克雷蒙遜大學，曾任台灣大學副教授及台北市議員。

這位自國民黨凸顯出來的年輕改革派，具有知性且端正的面貌，展現出精力旺盛且口齒清晰的演說能力。八六年的增額立法委員選舉，在台北市選舉區出馬競選，獲得最高票當選。

儘管如此，仍是第二代外省人的他，為何要為了支持李登輝而四處奔走呢？簽署活動剛結束後，詢問本人，趙少康滔滔不絕地回答：

「台灣現在所需要的，是推進改革一事。必須繼續自蔣經國開始的改革。我認為，如果是李登輝的話大概會為其繼續改革，完成其理想。」

「我想上一週的星期六（十六日）應該發起某種行動，所以夥伴之間開始討論。很快地，決定開始簽署活動，翌日星期日擬定聲明書草案，從星期一早上開始簽署。幾乎所有在增額選舉中被選出的立法委員，都給予支持。不過，人數並不是最重要的，而是那個緊迫的時間，我認為，歸納整理簽署這個時機，在時機合宜這一點上，有其意義。」

在本省人佔了絕大多數的台灣選舉，外省人要位居最高票是很困難的。參選人必須對人民的心聲、反應及氣氛非常敏感。趙少康極為敏感地聽取、筆錄下這些輿論指標。他的行動，正是使台灣的政治家意識到輿論本身的存在的關鍵。

宋美齡的信函

然而，新指導部真正危機，其實是之後來臨的。蔣介石的遺孀宋美齡女士正是始作俑者。這位和蔣經國總統反目成仇、彼此不睦，暫時移居美國的「歷史人物」的介入，使指導部震顫哆嗦。以相關人士的談話為藍本，可知再度形成被稱之為「宋美齡事件」的一連串騷動，情形如下：

國民黨的最高決策機構黨中央常務委員會，在每週三的上午召開，討論重要議題。二十三日內定擁立李登輝的指導部，於二十七日的黨中央常務委員，有意正式選出代理主席。地方報紙在前一天二十六日之前，一直將此視為既定的事實而加以報導。

但是，二十六日這一天，國民黨秘書長李煥手上收到一封來自士林官邸的信函。所謂的士林官邸，是位於台北市北區的著名宅邸，蔣介石曾經居住其中。目前則供未亡人宋美齡由美國歸國時使用。一聽到有來自士林官邸的信函，李煥就應立刻想起宋美齡的容顏吧！

如其所料，信函上有蔣夫人的署名。其內容至今仍未被完全公開。縱然向數位國民黨相關人士確認，也只得到「要選出代理主席，最好是等到葬禮結束為止」、「繼任主席的人事案，應該考慮集體指導的方式」等片斷內容。文章本身很短。據直接看過信的人士說，署名是本人的筆跡，但文章是以古文體撰述，且由其他人代筆。由文體來看，被認為寫文件的人也是親近士林官邸的保守派有力人士。不僅是宋美齡，連同周邊的實力者也有所動作一事，逐漸明朗化。自此以後，宋美齡及周邊的人物被稱之為「士林官邸派」、「宮廷派」。

接到信函的李煥，非常愕然。這位不將人看成人，以難纏的政治家而知名的強者，大概受到相當大的衝擊吧？他將信函給俞國華及沈昌煥（當時為總統府秘書長）看，互相磋商。這兩人和宋美齡有所牽扯，且關係匪淺。

被諮商的人士，也出現深刻的表情，非常複雜。兩人不僅親近宋美齡，也非常瞭解她的性格。李煥向兩人說明按照預定提案代理主席人事案一事。同時，他自己也將辭去職務，他說將帶著辭呈向宋美齡謝罪。他立刻開始寫辭呈。這個行動，讓兩人深受感動。

這一天的深夜，李煥身邊掛來一通追究攻擊般的電話，並不是宋美齡來電，而是一個男人的聲音：

「讓中央常務委員看過信函的內容了嗎？」

據說，電話中的男人以叱責般的口脗說話。有情報說，其實這是由俞國華手上掛來的電話。這個人據《李登輝的一千天》（周玉蔻著）的說法，應是蔣經國的三子蔣孝勇。

自二十六日深夜起，指導者之間慌忙不安的動作持續著，迎向決定命運的二十七日早上。上午八點，會議開始一小時前，中央常務委員在國民黨中央黨部齊聚一堂，雖進行對策動如何因應情勢的討論，但無法有明確的結論。李煥促請俞國華，按照計畫提出代理主席的人事案。

決定命運的一天

上午九點，中央常務委員會開始了。主席在黨主席向未決定之前，以在常務委員之間傳閱文件、徵求意見的方式，進行會議。這一天則由常務委員余紀忠擔任主席。順帶一提，余氏為此時台灣的有力報紙《中國時報》的發行人。

當事者李登輝並未出席會議，其他三人因疾病等原因而缺席，三十一位常務之中，有二十七人出席。在會議上，關於蔣經國的葬禮的議題，於第十三屆國民黨大會的七月七日會議被提案。然而，即使討論仍進展著，但選出代理黨主席並未被提案。是不是就這樣結束了?這樣的氣氛散發出來。

此時，並非中央常務委員的黨副秘書長宋楚瑜站起來說:

「選出李登輝先生為代理主席一事，黨已運作數日，看到全體中央常務委員的意見一致，所以應聯名簽署，並且，俞國華先生應率先簽署。」

「本來，應該在今天的會議上提出、討論，然後表決通過，但是，為何竟然改變了意向?為何不提案了?」

「如果不提案的話，國民黨的形象會變成如何?世人將如何看待這個問題呢?提案若延遲一天，則不僅這些，損害也會變多，也許會變成嚴重的後果。」

有些激昂亢奮的宋氏，最後說:

「我身為黨的一份子，對於應該提案人事案的俞國華先生今天的態度非常失望。這就立刻退席。」

一說完，他就抱起桌上的文件，退出會場。會場一片嘩然之聲。

宋氏為湖南省出身的外省人。他頭腦清楚，也具有行動力。他受到晚年的蔣經國的喜愛，也是被寄予厚望，前途未可限量的人物。然而，他並非常務委員，只是上層讓他可以以「列席」的身份出席會議而已，並且，此時他才四十五歲，相當年輕。儘管如此，他仍正面批判常務委員。在重視上下倫理關係的中國人社會，不能發生的事情竟然發生了。主席余紀忠開口了：

「宋副秘書長剛才所說的話，充分表現出愛國家的心，以及希望維護黨內團結的形象的心情，因此我感佩之至。我也有同感。現在，選出代理主席案成為各界注目的焦點。在今天的會議上，關於此案，非得作出決定不可。」

由於這段發言，會場的氣氛為之騷動，常務委員曹聖芬打破沈默站起來主張：

「我支持李登輝就任代理主席。在今日的會議上應該作出決定。」

因為他被視為保守派，所以給予周圍意外的感覺。也許是他敏感地感受到「政治風向」吧！接著，本省籍的內政部長要求發言。

「社會上對於推舉李先生代理主席寄予極大的關心。如果在今天的會議不作出決定的話，一定會掀起議論的聲浪，對黨的印象變壞，也許會產生黨內分裂的印象。這是重大的事件。」

之後更有李國鼎、張建邦、王惕吾、辜振甫、陳履安等常務委員，敍述同樣旨趣的發言。如此一來，有七位常務委員主張選出代理主席，最後，俞國華站起來，表示贊同之意。但是，口齒不甚清晰。

「由於有人反對選出代理主席，因此考慮到最好是延後至葬禮之後舉行，但若各位都說今天應提案，則我也支持此一決定。」

看著會議進展情形的余紀忠，此時一提案：「希望將此人事案列入議題，全體委員就舉手表示同意。余氏接著一朗讀完常務委員聯名的選出李登輝的提案後，全體委員就隨後鼓掌迎合這個決定。余氏尚未安心。補充說：

「為期慎重，希望特別根據起立方式通過議案。」

他才開始說，話尚未結束之中，全體委員一齊起立，會場響起了極大的掌聲。

上午十點五十五分，國民黨中央常務委員選出李登輝總統為國民黨代理主席，會議落幕。自孫文在中國所創設的國民黨的歷史開始以來，第一次由出生於台灣的本省人李登輝，就任黨的最高領導者。

女皇

宋美齡事件的重點之一，大概是她對此事寄與何種程度的關注吧！她此時是八十六歲（也有九十歲一說）。她果真認真地考慮過拉下李登輝嗎？她想過如此做是可行的嗎？

宋美齡一路由曲折的人生走來。父親為中國南部海南島的貧農之子（也有富有商人之子一說），年輕時渡海至美國。不久之後成為傳教士，回到中國，藉由聖經的印刷賺了大錢，爬竄為財閥的位置。人們稱之為查理宋。

他有三個女兒，都成為各種傳說中的人物，留下有名的辭句：

「有三個姊妹，一個愛金錢，一個愛權力，一個愛中國。」

長女靄齡被認為深具智慧且意志強韌，「如果生為男兒身，也許會支配整個中國。」她和富家之子，也被稱為孔子的第七十五代後裔的孔祥熙結婚，孔氏後來擔任中華民國的財政部長（大藏大臣）。

這樁婚姻，不久之後一直關乎著支配中國的四大家族「蔣介石、宋子文、孔祥熙、陳果夫」的成立。順帶一提，宋子文為宋靄齡之弟。陳果夫為蔣介石校長所在的黃埔軍官學校教官，且建立了蔣介石的特務機關「C•C派」。

雖為溫和安祥的性格，但具有堅強意志的慶齡，和孫文結婚，孫文逝世之後也支援革命運動。中華人民共和國成立，仍留在中國大陸，成為國家副主席，最後並接受榮譽國家主席的稱號。她臨死之際（八一年），被發表加入中國共產黨。

美齡和蔣介石結婚。此時的蔣介石，擁有元配、情人及剛剛結婚的新婚妻子。這在當時的中國並不稀罕，但由於宋家為由美國歸來的家庭，且為基督徒，因此感到抗拒。自然而然地，也擔憂世間是否會看作政治婚姻。有人說，蔣介石是以宋氏一族的財產為目標而結婚，而美齡則是意圖和權力結婚，不是嗎？

事實上，當時訪問結婚前夕的日本新聞（《大阪每日新聞》一九二七年十月九日），以「上海特訊」之題，登載了如下的報導：

問：妳所要結婚的人是個人的蔣先生，還是身為革命軍總司令的蔣先生？

答：當然是個人身份的蔣先生。我絕不想要地位及名聲。

當時，她住在上海英國租界西摩路一百三十九號的宋公館。客廳裡，在秋草圖案的中國風味屏風旁，並擺著坐墊很深的椅子，旁邊放置著鋼琴、留聲機。

美齡女士強調她是因純粹的愛情而結婚，但蔣介石似乎不太拘泥於這種表面問題。一九二七年十二月一日。結婚儀式當天的早上，他發表了「我的今天」的聲明文，但其中留下這樣的章節：

「社會的基礎是依據婚姻而開始建立，我和美齡結婚，是要完成中國革命的基礎。」

婚宴在位於上海灘（外灘）的馬傑斯狄茲克飯店舉行。在這家當時被稱之爲遠東第一的飯店，不僅是國民政府要人及實業家，連各國領事都參加了。人數至少超過千人。《紐約時報》以一個版面加以報導，可以淸楚地想見，世界上無論任何人都非常的矚目。

她翌年成為立法委員，就任革命軍遺族學校校長，且推行新生活運動。西安事變之際，她第一個闖入西安境地使世界震驚不已。雖似乎是相當有才能且具魅力的人物，但自當時起便毀譽參半，褒貶非常激烈。

舉例而言，作家村松梢風在《讀賣新聞》（一九三一年十月二十日）上如此寫道：

「容貌並不美麗，但具有智慧、性感且才氣洋溢的氣質上的魅力。」

「蔣介石就只怕惹宋美齡不高興，一味地討好她。」

「無論如何，以中國全境的女王之姿而稱霸於中外的，便是這位宋美齡。」只要一看當時的報紙、雜誌，就可以看見顯眼的標題，諸如「中國和日本還有關係嗎？」之類嚴厲激烈的措辭。還有「被取得綽號戲稱為南京的西太后的宋美齡，是排日的原動力」，或是「支那的宋家是宋家的支那」，或是「對軍事也干預的冒牌女英雄」，無論如何多半是感情用事的措辭。

總而言之，愈是如此愈顯得她是一個重要的人物。

她和蔣介石前妻的兒子蔣經國關係不佳。國民黨一遷移至台灣，宋美齡就利用自己獨特的路線，活動於改善與美國的關係，另一方面，蔣經國繼父親之後，進行鞏固內部權力的工作。兩人的工作，不僅是有繼母與繼子之間感情上的爭吵，也許也有政治上互為對手的意識。

蔣經國一鞏固了權力基礎，她在幕後的「出場演出」也逐漸失去機會，沒有表演舞台。七五年蔣介石逝世之後，宋美齡就嘗試想要介入繼任人事，遭到失敗，以疾病為由移居美國。然而，十一年之後的八六年，她為了出席蔣介石誕辰百周年紀念儀式回台。自此之後，住在士林官邸，且目不轉睛地盯視著來日無多、日暮西山的蔣經國的晚年。至少，周圍人們是如此看待的。

當然，時至今日她已無權力，只擁有國民黨中央評議會主席之一這個榮譽職般的職位。然而，她曾經是君臨全中國的「女王」，看到台灣出身的總統代理國民黨主席會接受嗎？每個人都在擔心。她進入台灣時，李登輝還是沒沒無名的台灣大學助教。一個連牙齒都未長全、乳臭未乾的小子，竟然想脫穎而出躍居國民黨的最高領導者，這是她所無法接受的。

甚至在蔣介石看來，她也是一個棘手難纏、自尊心極強的女性。周圍人們都說不瞭解應該做什麼，非常畏懼她。

她的信函之所以直接襲擊了指導的不安情緒，便是因為這個原因。

也可以說，到了後來，她直到最後都未正式地表現擁立李登輝的態度。對此也出現她不滿意李登輝的說法。有人如此解說：

「她在利用周遭的有力人士，有意使李登輝不快，不是嗎？在她的腦子裡，甚至意識到要作權力鬪爭，這樣的意識是否果真有呢？」

在此所謂的「周圍人們」，是指出入於士林官邸，可以會見宋美齡的元老級人物而言。可以出入士林官邸的人，此一時期有前行政院長張群、黨中央評議委員等一群元老，以及記錄蔣介石遺言的故宮博物院院長等人，據說只有五人，並不包括俞國華。連在新指導部之中被認為和宋美齡最為親近的俞氏，在她回國之後，也只見過兩次面。有力報紙《聯合報》，當時如此解說俞國華的動向：

「在臨時中央常務委員會之前，接近士林官邸的人士，兩次都推薦由行政院長俞國華代理主席職務，但周圍人們想多花一點時間作決定再提案，於是便保持原狀。俞國華本身絕對讓人看不到顯示出對此職位有興趣的動向。」

另外，也有這樣的說法。俞國華本身是問題核心的中央常務委員之一，且預備按照磋商好的提案事項代理主席人事案。但是，正當在尋找合宜時機之際，由於宋楚瑜的發言，因此恰好被認為自己對此事不夠積極，令人感到困惑萬分。如果要說事實，那麽，與其說俞國華是一個不好的演員，還不如說他是喜劇的主角。

無論如何，經過此次事件，宋美齡、俞國華、保守派，尤其是士林官邸派的權威，大大地滑落。始自蔣經國的改革，確實使台灣產生變化，他死後仍支持著李登輝，維護李氏不受對手宋美齡的覬覦。

發覺陰謀

宋美齡事件，在選出代理主席的翌日，也立刻出現在報紙上。拔得頭籌搶先揭露的，是《自立早報》。這份報紙，是八七年九月訪問仍未被解禁的階段，派遣兩位記者至北京的晚報《自立晚報》的同發行處所出刊的早報。

接受一月新聞自由化的政策，剛剛在競爭白熱化之中誕生，且獨家採訪的記者也很年輕。然而，可以自由地報導新聞一事，令人感到身體震顫抖動的興奮。

我一央求這位記者：「告訴我特別報導的內幕好嗎？」他就在台北市內的大衆餐館的二樓，說了一部份的始末給我聽。也許是興奮還沒有完全褪去，他注滿啤酒的杯子激烈地搖晃著。

「收到信函的二十六日晚上，發現有某種奇怪可議的動向。但是，此時完全無法掌握具體的內容。」

他徹夜到處奔走。

「明瞭整個事件經過是在當天二十七日的上午六點。自此之後仍四處活動，蒐集更多資料。」

寫完報導的時間是二十七日的深夜。

「未曾有壓力嗎?不是的。我們是在宣揚民主主義。是為此而寫報導的。」年輕的記者在喧鬧的餐廳的一角，顯出酒醉之後通紅的臉色，不斷地敲著桌子，說得口沫橫飛。這種熱烈激昂的心情，似乎如實地反映出自解除戒嚴令以來台灣的熱烈氣氛。旁觀者的我，有一點羨慕的心情。

有力報紙《聯合報》及《中國時報》的記者，應該知曉更為詳細的內容才是。發行人是國民黨中央常務委員，沒有不能從當事者得到消息的道理。然而，也許是太過接近權力返而無法下筆吧!

《自立早報》的報紙一登載出來，他們自翌日起採取猛烈的攻勢，開始撰寫「宋美齡事件」的內幕。這種攻擊已經是任誰也無法阻止得了的。接著電視則是：就僅有電視，沒有公佈傳達這個消息。在台灣有三家電視台，但全都可以說是屬於台灣省、軍、國民黨的「關係企業」的公營電視台，對當局的批判性消息是不會流傳散佈的。

無論如何，市井上已鬨然騷動起來，街道幾乎沸騰了。

「宋美齡大概忘了這裡是八八年台灣，而非四〇年的台灣吧?」抱持這種看法的雜誌並列著，人們所聚集之處事件便成為話題。有民衆說：「

在過去之前，還只是不能去想的事情。」黨幹部及高級官僚也趁此機會有所變動修正。簡直像卸下了肩頭上的重擔似的，說出真正心聲。

在此之前，重要案件完全由蔣經國的個人意見去決定，現在變成由全體中央常務委員決定。常務委員雖然也苦笑地說著「時勢不一樣了，不瞭解的事情可多了」之類的話，但並未完全顯示出表情，仍有所隱藏。

不消說，改變最大的，也許是政治家開始意識到民衆如何看待他們這一點吧？如果回想黨中央常務委員的會議，那麼應可瞭解得非常透徹。他們全都說：「國民黨的形象變得如何？世界如何看待？」神經質般地介意起外界的傳聞。這股氣氛，瞬間擴及全體政治家們。

因為世界的眼光在注視著，也因為民意支持李登輝而活動起來，所以他們開始對抗起士林官邸派。宋美齡事件的真正主角，似乎可以說是民意。蔣經國逝世之後，李登輝就任代理主席之前的十五天期間，正適逢宮廷型政治及民主化的波濤互相碰撞之際，也是民意顛覆推倒王朝的十五天期間。

葬禮

進行昇任總統宣誓的李登輝。
左為司法部長林洋港（88.1.13）（台灣行政院新聞局）

在國民黨大會作告別致詞的宋美齡女士
（88.7.8）（路透社）

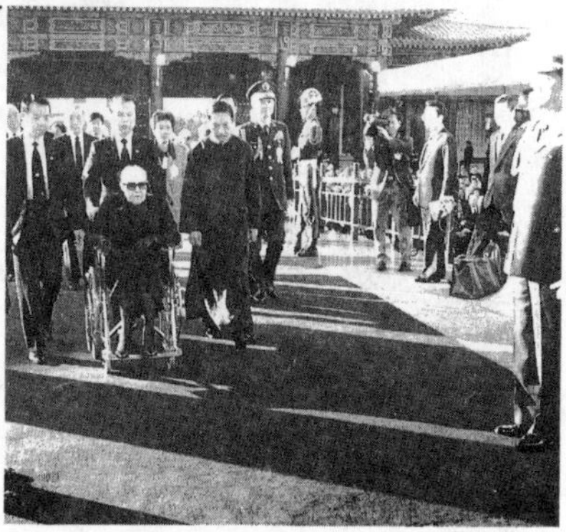

出席故總統蔣經國葬禮，坐在輪椅
上的蔣方良女士。
右為次子蔣孝武（88.1.32）

宋美齡事件之後三天的一月三十日，在台北市的忠烈祠，舉行了蔣經國前總統的葬禮（國葬）。平靜的、相當晴朗的一天，儘管是一月，卻像揮汗如雨一般的氣候。含海外弔慰來賓二百八十人，約三千人參加。治喪委員會主任委員，當然是總統兼國民黨代理主席李登輝。

蔣經國也曾是基督徒，葬禮在上午八點和莊嚴的彌撒一同開始。遺體放在黃色屋頂的正廳之中，被菊花及百合花所圍繞。正廳的前面，鋪設了全新的藍色地毯。

在蘇聯邂逅、結婚的未亡人蔣方良（芳妮娜）女士，坐在輪椅上，手握著白色的手帕，一直低垂著臉。其身旁，跟隨者幾乎不在公共場合出現踪影，被認為病弱的長子孝文。

來自海外的列席者，有日本的首相福田赳夫、前副總理金丸信等八十七人。從美國遠道而來的史密斯司法部長、韓國的金貞烈首相、新加坡的李光耀總理（都是當時的職稱），也都列席其中。曾經君臨於中國的蔣家一族的葬禮，雖然陣容寂寥淒淒，但在台灣鞏固作為政治家的地位，傾注全力於台灣建設，說過「我是台灣人」的蔣經國，無庸置疑地可以說是個好人。

列席者遵從中國的習俗，向著遺體行三鞠躬禮，表達弔慰之意。二十一響的禮砲持續著，全台灣鳴起警報用的警笛，進行一分鐘的默禱。

出殯之際，可以看見有趣的光景。在被黃色菊花所覆蓋的靈柩車旁邊，擔任治喪委員的幹部並列著，拉曳著繩子（執拂），此時，身高一八〇公分、高大魁梧的李登輝看起來格外堂堂皇皇、鶴立雞群。另一方面，行政院俞國華則瞪著眼睛慌慌張張地梭巡著目標，顯得不夠穩定平靜。

一直被認為單薄軟弱的李登輝，竟然第一個飛越欄架，變成剛毅堅強的人。不過，李登輝真正顯示出驚人的才幹，成為使台灣產生激變的強勢指導者，還是更往後的事。

蔣經國的遺體被放上車中，巡迴台北市內，緩緩地行進於總統府前。沿途塞滿了來和故人惜別的數十萬名民衆。不久之後，被運至離台北西南約六十公里的桃園縣大溪鎮頭寮陵寢，暫時奉厝於此地。所謂的暫時奉厝，是因為將來回到中國大陸，才正式地將遺體安置於故鄉。遺體回到故鄉，中國和台灣的關係會變得如何？任誰也不清楚。

你們好嗎？

宋美齡之後也暫時停留於台北。然後，在國民黨的十三屆黨大會現身。大會第二天的七月八日，據說，在位於籠罩著硫磺氣味的溫泉地帶的陽明山中山樓，召開過第一屆全體會議，且更進一步地舉行黨主席選舉。此時，她突然地現身。

受護士隨伺照顧的她，雖然拄著枴杖，但一緩緩地步近演壇中央，便響起猛烈的鼓掌聲。因為穿著中國式服裝的她，衣服上是綻放著大朵花卉的花樣，散發著花香似地，她以燦爛的笑容出聲說了一句：

「各位同志，你們好吧？」

雖然稍稍嘶啞，但卻是非常清楚的聲音。在瞬間的沈默之後，大會代表齊聲回答：「好。」

這個回答，迴響於周圍的牆壁上，像大的波浪一般湧動，響徹整個會場。宋美齡女士似乎很滿足的樣子，靜靜地揮一揮右手的白手絹，她似乎依依不捨，一面好幾次回顧會場，一面以不穩定的腳步離開講台。

在我身旁的記者嘆了一口氣說：「真是美人啊！」我本身也有了歷史課本中的人物突然擺在眼前般的異樣心情。在此時公認為八十七歲的宋女士，步伐雖然搖搖晃晃，但其肌膚看不出老態，甚至讓人有某種妖怪的感覺。

雖然是閒談，但在現場採訪的台灣籍記者之間，她說著「你們好吧？」或「你們好嗎？」成為議論紛紛的一些話。我則聽見了「好吧？」一思考她的性格，我認為與其說「你們好嗎？」還不如說「一切都平安吧，很健康嗎？」來得適合。翌日，只要一看台灣的報紙，便可看到分成寫著「好吧？」及「好嗎？」的報紙。

宋美齡女士讓國民黨秘書長李煥代讀準備好的致詞。

「自國父孫中山創建國民黨以來，由於許多先人的犧牲、貢獻，因此才有今天黨的存在。」

「新枝是拜老幹之賜才得以生長。」

「即使要前進也應不忘根本。」

被代讀的演說，讓人重新想起一月的事件。她畢竟仍對人事很不滿。

這次會議不久之後，李登輝總統兼國民黨代理主席一案受到壓倒性多數的支持，正式地就任黨主席。無論宋女士的意圖為何，她的演說是告別的致詞。

宋美齡於九一年九月二十一日搭乘中華航空專機，前往美國居住。一度支配中國全境的蔣家王朝，目前似乎正迎向落日時分，但環繞著蔣家的政治戲碼，現在仍持續了一部份，之後也再一度搖撼了李登輝體制。

行政院長隨後發佈辭職說，但李登輝總統不予理會，命其留任。一年之後的八九年五月俞國華辭職。他雖是一個在經濟、財政上非常精通的能幹官吏，但最後只落到被稱呼為「蔣家父子兩代的帳房」的地步，權威一落千丈。繼任者由和李登輝總統建立改革陣線，輔助他的李煥就任。

還有，在問題核心的宋美齡事件之中，儘管並非黨中央常務委員，但站立起來首先開口說出支持李登輝的黨副秘書長宋楚瑜，之後昇格為國民黨第二號人物的秘書長。在日本的自民黨，是相當於幹事長的要職。他在名實上都同是李登輝的心腹、左右手。甚至被稱之為背負著將來台灣的重任的人物。

次子傳奇

「提到李登輝，他究竟是個什麼樣的人物？」「他為何可以成為總統？」——李登輝總統誕生時，周圍的反應必定是不太稱心如意。在此一時期，他的側面種種幾乎不為人所知。充其量只給人溫厚、人品良好、學者出身的政治家這種程度的印象。蔣經國為何選擇他為後繼者呢？

李登輝是一九二三年出生於台灣北部台北縣三芝鄉埔坪村的農家。父系流傳著客家的血統，母親為閩南人。客家是被稱之為「東方的猶太人」的移民。黃河流域的民族，因內亂等因素而遷移於廣大的中國，居住在各片土地上。其中一支，也流徙到台灣。

李登輝的祖先，被認為是來自福建省永定縣移入台灣。清朝時代，移居桃園縣龍潭鄉的三河村，祖父那一代移居台北。永定鄉出身的客家後裔之中，還有新加坡前總理李光耀。兩者都同姓李，雙方都一致地身材高大。

鄧小平、孫文及宋美齡的姊妹們，全都被認為是客家人。客家人以質樸殷實、剛強堅毅、團結心頗強、用心盡力於教育而知名，他們對政治也有高度的關心。清末引起太平天國之亂的客家人，似乎熱情、精力也很多。

李登輝的家中栽培稻米及茶葉，李氏本身自孩提時代起便要做除草的工作，在農活中成長。父親為警官，調職的機會很多，所以小學是輾轉於各校之間。成績優良的李氏，參加台北師範學校的考試但失敗，畢業於淡水中學之後，進入台北高校（舊制）就讀。

他的成長時代，台灣為日本的殖民地，所以自然接受了日文教育。然而，要進級升入台灣人的上級學校並不容易，他所就讀的班級（文科甲班）上，台灣籍學生包括他在內只有四名。

據當時和他坐在同一排的一位同學伊藤榮三郎說，李登輝是「溫順和善、認真踏實、很會讀書的學生。在同伴之間，被視為誠實的人。」伊藤先生之後歷經《新潟日報》的記者一職，成為同報社負責廣告業務的董事。即使到了戰後，也和李登輝見過數次面。他說：

「一成為副總統之後再見，因為逐漸有人說他是一個一板一眼、固執頑固的人，所以很驚訝。」當時的舊制高校，是洋溢著野性、自由的氣氛，但在殖民地下上日本人的學校的李登輝，也許是一個拘謹、小心的人。還有，同學年的文科乙班，有一位後來成為國際司法裁判所判事的小田滋。

李登輝成為總統，一旦鞏固了其權力基礎，就更加地被說成一個頑劣的人。其身旁一位接近他的人士曾說：

「他好歹可以說是一個不多心、無遠慮的人。今後將一直有自己的主張。」

本省人李登輝，經過日本的殖民時代、國民黨外省人的支配時代，只曉得一個勁地費心勞神於周遭一切，多心、顧忌、拘泥、謹慎地生活下去，這樣說也許也可以。

要將戰前台灣的環境、氣氛重現於現在是很困難的，但仍有一些給予我思考提示的線索。也就是下湖村人的小說《次子傳奇》一書。

下村先生一九二五年六月以四十一歲之齡成為台灣總統督府台中第一中學校長。一九二九年十一月，就任台北高等學校校長。

下村擔任台北高校校長的一九三〇年，位於學校之內的宿舍，發生了學生的佔領據守事件。舍監被懷疑將繳納的物資私吞為己有，不平而憤怒的學生將宿舍關閉，留在裡面不肯出來。在宿舍的庭院，爆竹鳴響，火把的火燃燒得熾烈旺盛。

下村湖人本名為下村虎六郎，為「葉隱」的佐賀縣出身，號稱為「虎人」。他留著鬍髭，眼光銳利，學生都稱呼為「猛虎一聲」。

湖人的兒子根據所發現的記憶，如下展開故事。下村校長這一天制止包圍宿舍的警察，想隻身闖入學生宿舍，當時小學六年級學生的覺悟是，如果守住宿舍不放再出去的話會很危險，所以就停留在其中。

然而，下村校長未予理會進入其中，和學生對談。學生很感激隻身闖關進來的湖人，決定收拾罷課行動。事件之後，引起問題的舍監，以及三名和學生一起騷動的職員都被解職了，學生則遭到退學處分。在學生之中，日本人、台灣都有，因此，「虎人」下村校長在一週之後讓全體學生復學。

總督府的文教局長杉木亘將湖人傳喚至局長室，互相激辯交換意見。頑固的行政官杉本，對於一度決定好的處分被任意胡亂地推翻，感到無法忍受。處分被恣意地改變，行政就無法成立，他這種想法也是正確的言論。此一時期，台灣正當政治運動活潑化之際，原住民的武裝暴動蜂起，發生霧社等事件（一九三〇年）。

然而，下村校長徹底想以教育者的立場優先。

「是台灣人吧，還是日本人？年輕人身上有未來。要阻礙他們的未來，身為教育者是不能為之的。」

結果，下村丟下辭呈，離開台灣。回到日本的湖人，不久便開始寫作《次子傳奇》。在小說之中，有一部份描繪了學生的罷課事件。這些都和台灣的經濟一起寫入書中。

湖人和杉本的爭論，在兩人亡故的現在，也沒有重現再來一次的方法。可以說，這似乎並非沒完沒了的感情用事的爭論。不久之後，杉本也回國了，自此以後，杉本很頻繁地拜訪下村。

湖人在台中中學時代也遭遇了民族運動。相關人士之中，有謝東閔。謝東閔是七八年以出生於台灣的本省人身份第一個成為副總統的人物。同一年，李登輝成為台北市長。

此時，湖人已不在這個人世。兩人將下村湖人的兒子下村覺邀請到舊總督府（現為總統府），讓秘書長爲他帶路參觀裡面。下村覺佇立在父親和杉本局長爭鬪著激烈的言論的局長室，沈思良久。

謝東閔說到當時對下村覺說：

「台灣的青年身為被支配的民族，感到何種程度的憤怒呢？您知道吧？拜下村村長之賜，台灣的青年心靈非常壯闊。」

還有，台北高校下村校長的前任校長，是被認為NHK早上連續劇所影射對象的三澤糾。極受歡迎的校長，三澤辭職時，台北發起了請求留任運動。

李登輝進入台北高校的時間，是在罷課事件之後。然而，下村事件仍一直不斷地被談論著。李登輝之後向下村覺說：

「台北高校，其精神永遠流傳著，成為培育年輕人的基礎。能在這種一脈相傳的精神中接受教育，真是謝天謝地！」

這種與日本的互相聯繫、交流，產生了影響嗎？李登輝是瞭解日本的一派，在日本有許多朋友。不僅通曉日本的報紙及雜誌，並且涵索《前川報告》，進行研究，認為應該考量有關日本近代化的問題，也涵索西田哲學全集。

畢業於台北高校的同時，進入京都帝國大學農業經濟系，但因終戰而中輟。台灣大學畢業之後，成為助教。

五一年以教育部的公費留學至美國俄亥俄大學留學。回台後，在大學擔任講師、副教授，服務於台灣省農林廳、農業復興委員會。

六五年至美國康乃爾大學留學，取得農業經濟學博士頭銜。此時所歸納整理的論文《台灣農工部門的資本流通》，成為此年全美農業經濟學會的最優秀論文。

忍耐

蔣經國遇見李登輝的始末，有著各種各樣的傳說。發生紐約的蔣經國暗殺未遂事件時，在調查關係者之中，他發現李登輝這個人的存在，加以拔擢的說法也時有所聞，但令人感到這個傳說稍稍過於誇大。

當時的台灣由於工業化經濟不斷地成長。無論哪裡的國家都一樣，但在工業化的過程中，必定會形成農村疲弊的問題。對農業的前景抱有危機感的蔣經國，著眼於農業領域的人才。這似乎是他知道李登輝存在的真相。

實際上會面之後，應該有相當強烈的印象吧。蔣經國自己於七二年一成為行政院長，就指名四十九歲的李登輝為行政院政務委員。如此一來，李登輝開始成為蔣經國之下的指導者。也就是說，似乎可以說台灣奇蹟式的經濟成長是推出了李登輝這號人物為指導者，才得以實現。

李登輝出生之前，世界因為辛亥革命、蘇聯的誕生而產生激烈的變動。日本則為民主政體的時代。在台灣，也應該稱之為民主運動團體的台灣文化協會（一九二一年）誕生了，農會等等機構，相繼地被組合起來。

李登輝五歲時，台灣共產黨在上海成立（一九二八年）。其前一年，台灣第一個政黨「台灣民衆黨」被認可（四年之後被禁止）。也許是因為吸取這個時代的空氣而成長，李登輝成為總統時，一部份地方報紙報導說，他學生時代曾加入共產黨。也有人說：「到蘇聯留學，傾心於托洛茨基的蔣經國，正因為李登輝擁有同樣的經歷，所以才選擇他為繼任者。」但是，這個報導並無根據。

當然，李登輝的親信也予以否認。不過，有人認為他有可能受到共產黨等組織的影響而加入「讀書會」。當時的學生參加這樣的聚會，並不稀奇。

迎接因終戰而回到台灣的，是被大陸「驅逐出境」的國民黨政權。已經提及的四七年的虐殺本省人事件（二二八事件），他當然應該親眼目睹了。有人認為此一時代的情景，給予了李登輝某些影響。

實際上，他後來回想（《中國時報》九三年十一月十六日）：

「十多歲的時候，我最煩惱的是，社會為什麼這麼地不公平？為何什麼既然出生了，人卻有地位高低之分，而權力較大的人，就可以虐待沒有權力的人？諸如此類的事情。」

李登輝於八一年成為台灣省主席、八四年成為副總統。副總統在總統有意外情況時，必須繼任（事實上，已是如此）。當時，蔣經國的身體情況已經開始崩壞。

因此，應該以切合實際的想法選出後繼者。儘管如此，李登輝並無黨務的經驗，政治上亦無立足點。況且，他也沒有領導軍隊的經歷、人脈。縱然如此，蔣經國為何還是大膽地選擇他？李登輝是一個虔誠的基督徒，對權勢的欲望很淡薄。他的興趣是高爾夫球，且為單打的高手，但後來專心於讀書，喜歡哲學書籍。五七年自己的兒子因癌症而亡故，自此以後，他就戒酒了。因此，既無讓兒子成為後繼者的可能，也不必擔心他建立「王朝」。有說法認為蔣經國因此而選擇李登輝。

時至今日，只能憑想像而得不到答案。在蔣經國總統逝世一週年忌日的聚會中，李登輝總統這樣的致詞：「蔣經國先生逝世之前，最後讓我到跟前之際，這麼告訴我：『此時，在此地，一切必以和為貴。無論面對什麼樣的誹謗言辭，指導者也不能表現出憤怒，更何況，也不能採取激烈的行動。應該經常為了大局而著想，為了國家的安全、社會的安定及人民生活的安樂，而作最大的忍耐。』」

蔣經國成為李登輝的強力指導者，並未命其改變台灣，而是叮嚀他要忍辱負重，並要求他採取集團指導體制，繼承自己所鋪設的路線，專心致志於建設安定的台灣。事實上，李登輝自就任總統之後不久便反覆強調「繼承蔣經國路線」。也說：「所謂的李登輝的政策之類的名詞是不存在的。」然後，他保持不安定的集團指導體制的原狀，直到在七月的國民黨大會崩塌瓦解。

第四章

海峽兩岸

兩個政黨

在台灣，國民黨的一黨獨裁持續著，所謂的權力都集中在這裡。至少，直到最近仍是如此。因此，國民黨所決定的事情，便自然成為台灣的決定。對黨而言，最重要的行事是原則上五年一次的黨大會，所以在這裡決定台灣的進展方向。就這層意義而言，和由共產黨決定一切的中國大陸很類似。

解除戒嚴令後約一年後的八八年七月七日，在台北縣林口的中正體育館，開始舉行國民黨第十三屆大會。印象中，是其豪華壯觀的場面。會場上，數十台大型的彩色電視機並擺成一大排，高中的啦啦隊女孩跳著舞。穿著西服，模樣高壯的國民黨代理主席李登輝，一面受到鎂光燈的包圍，一面出現於舞台。

台灣此一時期已在謳歌經濟方面的繁榮。在大陸失敗的國民黨，遷移至台灣之後，實現了奇蹟般的經濟成長。不過，與中國的政治路線方面，則是互相較勁，各不相讓。經濟力成長了，且也一直在推進被世界所認同的民主化。是不是可以再度地重回國際社會？關於這一點，李登輝在大會開頭說過「開闢民主主義的新境地」之後，又致詞說「參加國際社會」。

坦白說，我於前年的十月，在北京採訪共產黨第十三屆大會。這一邊的大會於八七年十月二十五日開始，途中遭受大雪侵襲。結束採訪，步履蹣跚地走回飯店的途中，雪悄悄地潛入背部，身體感到連內心都寒冷無比。作為會場的人民大會堂是微暗的，反映著中空頂棚上的星星紅色燈光，發出模糊的燈光。這是和豪華壯觀相去甚遠、毫無關係的大會。

當時代理總書記的趙紫陽，率直地承認中國仍然貧窮，仍然落後。談到既有的現狀，也說中國的社會主義仍停留於初級階段。這是一段使前來採訪的台灣記者莫不說「深受感動」的內容。超過十億人的龐大人口，以及以文化大革命為代表的嚴酷的歷史，中國大陸的指導者所背負的重擔，也不斷地傳達到台灣這一邊人民內心，感受到其負荷沈重。

富庶的台灣，期望在政治方面復權，貧窮的中國，則夢想在經濟方面成長。在台灣，民主化正在進展的這個時期，只要將中國大陸和台灣放入視野，便可展望這樣的光景。

在共產黨大會上，老人的身影顯得特別引人注目。開幕式上，樂隊演奏著「國際歌」，全體人員起立，但是，老人的正後方隨伺著秘書及服務員。一旦凝視注意他們在做什麼，便可發現他們以手拼命地支撐著眼看著就要倒下來的老指導者。在中國大陸，革命第一代仍然存在著，並死守著職位不放手，或者即使引退了，也不覺得已離開政治圈，相信自己仍有權勢。大會進行至一半，服務員用毛巾擦拭老指導員的口水的模樣，令人感覺很可憐。

和這些相比，台灣的國民黨又如何？雖然想說一說，但老實說，台灣也沒有太大的改變。在並非黨大會，但稱之為國民大會及立法院的議會裡，由大陸選出來的議員未曾改選，長期久佔其位。審議「大塞車」，堆積許多法案，而決議又迫在眉睫時，這些老委員（萬年議員）就被趕出來參加投票。他們只是人云亦云地舉手，依照被吩咐的行事，但中途身體逐漸地痛苦難當，就這樣躺了下來，旁人急忙地呼叫救護車。

俗語有謂：「長幼有序」。在儒教中國人的社會，是尊敬年長的人，重視老人的。這在仍有革命第一代的共產黨、國民黨之間，是共通的一點。雖然也許有體質違和的失調感，但國民黨也是在中國大陸以革命為目標而發跡的政黨。

正式名稱為「中國國民黨」的國民黨，在黨章第一章第二條中明載著：「本黨為革命民主政黨」。在十三屆黨大會上，「革命」這個字眼應刪除的聲浪出現了，但因保守派老人的抵抗而無法如願以償。對老人們而言，自己是革命家，他們似乎有此自負。

共產黨與國民黨的組織也很類似。兩者都設立了中央委員會，由其中選出中央常務委員，這些中央常務委員構成了最高權力機構。黨指導、監督行政及軍隊這一點，兩黨也相同。原來，雙方都受到蘇聯共產黨的影響，且在國共合作時期，許多共產黨員加入國民黨。毛澤東也是如此。

然而，革命後在各別的環境成長的年輕世代，是不一樣的。黨大會前夕，台灣的電視台播放了回顧國民黨歷史的特別節目。在中國進行文化大革命時，台灣的年輕人熱衷於披頭四，並受到沙特的影響，對存在主義發生興趣。

與這樣的旁白同時出現，畫面上是揮舞著毛澤東語錄，穿著人民裝、行進中的年輕人。另一方面，在台灣，緊身牛仔褲上套著T恤的年輕人彈著吉他。他們正是出生、成長於革命以後的世代，目前為四十歲左右，成為社會的核心，迎向工作力旺盛的時代。此一世代的距離感，也可以說和日本與中國大陸之間的距離不相上下吧！

國民黨大會，決定一舉擴大剛剛開始的台灣與中國大陸之間的交流。形成人道上的理由極強，而經濟上的理由為後盾的形式。而且，這個決定，也使擁有不同意識型態的年輕世代的海峽兩岸如何來往這個新問題，變成迫在眉睫的問題。

如前所述，國民黨的對中國大陸政策的基本，是三不政策（和中國大陸不接觸、不交涉、不妥協）。在結束文革的中國大陸，鄧小平作出進行第三次國共合作的指示（七八年），之後，全國人民代表大會常務委員會發表「告台灣同胞書」（七九年），且全人代常務委員長葉劍英提出「和平統一九項提案」（八一年），但是，其態度完全沒有改變。

原因在於，雙方的距離、差距過大。政治、經濟、社會、文化，在所有方面，差異都極大。有人說，中國大陸如果沒有轉而實行自由主義體制，那麼再怎麼樣也無法交流了。

事實上，有人認為，如果馬虎地選擇與中國大陸對談的場所，那麼不是就會有可能去附和對方的步調，完全被牽著鼻子走的恐懼感嗎？中國大陸現為聯合國安全理事會常任理事國，在擁有外交關係的國數方面，壓倒台灣。因此，可以想見的是，雙方都將站上同一個「競技場」視為最後的一搏，互相爭奪聯合國的席位。

而且，再加上中國人是外交手腕、交涉談判的天才。尤其在中國大陸上，政治及外交的策略是到了一種藝術般的化境，被研究、磨鍊得非常精明。愈是從大陸逃難而來的外省人，愈是瞭解這種痛苦的程度。

例如，考試院考選部長王作榮之後如此說明：

「所謂的三不政策，是一種隔離政策，『對你不適合，應敬而遠之』的政策，

也是不想直接面對現實的政策。」（《中國時報》九三年二月十一日）

即使如此，李登輝體制仍開始顯示出對擴大交流邁開大膽的步伐。這一點，則和台灣經濟界在世界上被放置的地位有關。

由於八〇年代後半期的經濟成長，台灣的勞工薪資也提高了。而且，隨著人民的生活愈來愈富裕，對污染、噪音等公害問題的意識已變強了，工廠建設也變得困難。許多企業都轉移至泰國等東南亞國家。然而，就在眼前的對岸不就有更為有利的投資地點嗎？因為福建省是台灣本省人祖先的土地，且同操閩南語，完全沒有語言的隔閡。讓工廠進出這裡將如何呢？不，如果必須進出大陸，那就表示工廠無法生存了。

為了推展統一戰線工作（統戰工作），希望強化與台灣的交流的中國大陸，非常樂意台灣到大陸投資，於是立刻在各地展開動員人民熱烈歡迎台胞，飛機、車、船的車票也以台灣人為優先而營運。不但簡化出入境的手續，甚至連飯店費用也實行降價一～三成制度。

承認容許交流

確定國民黨新的大陸政策的日子，是大會第三天的九日。他們首先放出話來：

「應區別中國共產黨及中國大陸而加以因應。」

雖然不能和共產黨交流，但是，和住在那裡的人們交流則另當別論。台灣的大陸政策有此邏輯。另外，對台灣的企業則表明：

「有必要可以輸入大陸的原料。」

這是認可間接貿易的表示。而且，如果大陸人民因直系親屬、配偶的葬禮而申請訪問大陸，也以「個案處理」的方式處理。根據這一點，打開了中國人進入台灣的門戶，實在是一種大膽的變化。

然而，齊聚於大會的代表們，即使如此也不認可交流的做法。在十二日的全體會議上，更進一步地修正草案，在「堅持三不政策的立場」這個條款上，插入「政府」一詞。

也就是說，「三不政策」究竟是政府的立場，民間想接觸、想對談都是自由的。除此之外，還決定大陸人民不僅葬禮時，連探病也可訪問台灣。由於官民分離，雖然不堅持傳統的三不政策，實際情況仍是刪掉主要內容的柔軟構想，頗有彈性。

不消說，這種充滿了通融性的態度，進而也給予台灣社會全體的民主化巨大的影響。

野心勃勃

國民黨大會前半段的高潮戲，是選出李登輝為國民黨代理主席，宋美齡女士的告別致詞。到了後半段，高潮一轉而為國民黨第二號人物黨秘書長李煥的躍上舞台，成為注目的焦點。

首先，十二日有中央委員的選舉，李煥完成最高票當選、排名第一的理想。中央委員是先推出三百六十人為候選人，從中選出一百八十人。發表得票數之後，成為預測有力指導者受歡迎程度的指標，愈有人氣者，未來的前途愈有希望。

選舉的結果是殘酷的。行政院長俞國華，得票數未見成長，停留於第三十五名。同樣地，保守派的總統府秘書長沈昌煥為第八十一名。達到第一名當選理想的李煥，在大會最後一天意氣風發地蒞臨記者會。

一被記者問到：「以第一名被選出，感覺如何？」他就自誇說：

「這是民主選舉的結果，非常良好的現象。」

他露牙而笑，看起來一副傲慢無禮、目中無人的樣子。以中國人的感覺來說，在這個場合應該不要笑，即使只是形式上也應表現出謙遜的態度才是吧！果如所料，從台灣籍記者之間發出了「唉——」的嘆息聲。

李煥是一九一七年出生於湖北省漢口市的外省人，此時為七十歲，比李登輝年長六歲。他歷經上海復旦大學、中央大學，畢業於哥倫比亞大學。

他以蔣經國的親信而知名，中央青年組織處處長之後，成為由蔣經國擔任主任的中國青年反共救國團的副主任。七十三年昇格為主任。也就是說，被蔣經國委以建立黨內人脈的工作。

蔣經國成為行政院長，開始掌握所有的權力時，在他之下有兩個可以信賴的部屬。有人說：

「文的李煥，武的王昇。」

李煥被稱之為黨內開明派，陸陸續續地採用台灣人為幹部。然而，一旦由於其自由的氣氛而起的中壢事件（一九七七年），保守元老的批判便集中於他身上，蔣經國於是將他貶謫為中國電視公司董事長。

他這一類的經歷，和中國共產黨的前總書記胡耀邦幾乎一模一樣。胡耀邦在共產主義青年團書記時代培育人才，拔擢他們，形成人脈。然而，一旦過度推進自由化，引起學生示威遊行，便被元老批判，在失勢且失意之中亡故。

「武的王昇」，也一樣是出生於大陸江西省的外省人。畢業於陸軍軍官學校、中央幹部學校、國防研究院，歷任大隊長、青年救國團總隊長的軍人。七五年，成為國防部總政治作戰部主任。李煥一失勢，王昇就竄升上來，浮出枱面。

傾心於強硬路線的蔣經國，傾盡全力處理七九年的美麗島事件，然而，王昇一將部屬提拔至特務機構，圖謀鞏固自己的權力，八三年就被一腳踏開放逐至烏拉圭，擔任大使。蔣經國態度一轉，接著再次採用李煥，任命他為教育部長（相當於文相）。蔣經國任用部屬的方法，和曾為友人的鄧小平完全不謀而合。

再度回到權力中樞的李煥，於八七年七月解除戒嚴令不久之前就任黨秘書。並且，成為蔣經國的左右手，促進其最晚年的民主化。蔣經國亡故之後，以黨內的強大人脈為後援，支持李登輝總統（國民黨主席），形成李—李陣線，一起站在改革的前鋒位置，向著逼退保守派而展開行動。這一點已經提及。

大會不久之後，行政院長俞國華受到新聞記者的包圍，遭到如箭一般的質問。

「您只排在第三十五名呢。」

「辭職一事考慮了嗎？」

一位相當於總理的人物，受到如此嚴厲的質問，恐怕還是第一次吧？愈國華一直做出茫然的表情，以小聲回答：「正在考慮。」當然，翌日的報紙便公佈「檢討辭職與否」的消息。因此，俞國華院長的權威更加地動搖。

李登輝總統離開破壞保守派的工作，於秋天結果。首先，一手獨攬外交大權的保守派元老總統府秘書長沈昌煥於十月被迫辭職。

十月十日的國民黨中央常務委員上，坐在第一排的沈氏，舉手提議進行臨時動議，他怒吼著：

「經濟部及外貿協會的人員正組成考察團訪問蘇聯，這已經產生不良的影響。蘇聯是我們的仇敵。反共不是我們的國策嗎？」

比李登輝年長十歲的沈昌煥，為江蘇省出身的外省人。在大陸時代擔任蔣介石的秘書，移居至台灣之後也歷任外交部長、國家安全會議秘書長，在外交部具有隱形的力量。在「漢賊不兩立」的原則之下，主導退出聯合國、孤立於國際社會、禁止與中國大陸接觸等一連串外交政策，一直是保守派的有力人士。

他愈是慷慨激昂，周圍人們愈是興味索然，感到掃興。現今不能和蘇聯交際，不和共產黨來往，究竟是怎麼一回事？毋寧說，仍應和這樣的國家來往，也應拓展在國際社會的「活動空間」，不是嗎？一時之間，氣氛變成人們批評沈氏為「蔣介石時代的頑固份子」，認為他死腦筋而不知變通。

沈昌煥的憤怒立刻被媒體得知，傳佈開來，但幹部及輿論都未抬高支持他的聲浪。寧可說，對外交部充滿同情。沈氏自爆內幕說，他受「裸體的國王」李登輝總統的引導交出位子。後任人選是同為外省人，且曾與李登輝總統個人私誼很親密的政治大學教授李元簇，立即就任總統府秘書長一職。

俞國華結果於翌年八九年五月，向李登輝總統提出辭呈。藉口說「為了黨內的團結」，是一個表面上的理由。他的理由和此並不一樣一事，立刻被全台灣知曉了。同一天，俞國華的妻子董梅真偶然出現於電視上，說出真正心聲。

「早一點辭職才好。政治真是恐怖！」

繼任的行政院長，由李煥就任，至此，他的改革路線終於掌握了黨、政大權，但是，此時的李登輝總統正當認為俞國華比起李煥更容易共事合作之際，正檢討留任俞氏一事的細節。結果，變成李煥硬著頭擠進行政院長的位子。這種強硬性的做法，給予加強對李煥的警戒心的李登輝極大的衝擊。在李登輝總統——李煥行政院長的搭配剛開始的階段，使不信任感迸裂開來，自此以後，更使兩人如滾落山坡一般的關係惡化下去。

在李煥院長就任的同時，打出「政治改革為最優先課題」的口號。另一方面，李登輝總統在六月的國民黨十三屆中央委員會第二次全體會議（二中全會）說：「我們必須直接面對在大陸無法行使統治權的問題。」

國民黨以往一直主張，唯有自己的政權才是代表全中國的正統政權。李登輝總統的演說，給予人是否要修正其主張般的印象。事實上，此時李登輝的發言意味著什麼?在不久之後來臨的激變之中，得到應證。

李登輝演說完的翌日，在中國大陸發生了天安門事件，北京引起大混亂。然而，儘管發生了事件，台灣的民主化及大陸政策已著實地進行著。

探親之旅

有人說：「夫妻吵架連狗也受不了。」但一旦觀察中國大陸與台灣的關係，便會有像鄰家夫妻吵架一般在來往的感覺。

來自中國大陸對於訪問台灣的認可，海峽兩岸終於進入互相交流的時代。但是，此段期間中國大陸與台灣當局一次也沒有公開性的接觸，也就是說，沒有作任何的對談。雖然如此，但仍認可彼此的來往，使交流飛躍地增進。

台灣單方面地發表「可以回大陸故鄉」的政策，如此一來，中國大陸也發表「歡迎此一決策」的回應。雙方只是對著天空，任意恣肆地提出自己的政策、主張。與其說是近代國家的交涉，畢竟仍是近乎夫妻吵架，雙方為了瑣碎小事而爭執不休，互不相讓。

無論如何，經由香港及東京的正式來往已開始了。在通融有礙，且將原則、主張、方針及意識型態作為前提，阻擋雙方交流而動彈不得的朝鮮半島，這也許是想像不到的光景吧？

遠自中國大陸到台灣來的第一位「客人」，是一位女性大學教授。

八八年十一月十四日午後三點半，抵達桃園中正國際機場的由阿姆斯特丹發機的中華航空062班機中，有一位穿著樸素服裝、身材矮小的婦人。她在機場入境窗口一被遞上英文的入境申請書，就填入「QIAN YI」。「QIAN YI」是通常在中國大陸所使用的發音譯音。瞭解情況的官員什麼也沒有說，將她迎入台灣土地。如此一來，大陸的中國人在相隔四十年之久終於踏上台灣的土地。

錢易當時五十二歲，為清華大學環境工程學教授，住在台北的父親錢穆，此時為九十三歲。他是歷任北京大學歷史學教授等職的著名學者，但現為總統府資政（顧問）。

躺在台北市士林區自宅病床上的老學者，當十一歲那一年離散的女兒來訪時，附近一帶完全陰暗下來。父親眼睛及耳朵正當不便之際，靜靜地躺在床上。為何女兒站在枕旁呢？他一時無法理解。

如果是為了探病、參加葬禮，那麼可認可中國大陸人民進入台灣——台灣方面如此正式地發表政策，是才十一天之前的事。來自中國各地立刻蜂湧至設有受理窗口的香港中華旅行社，詢問各項事宜，並大排長龍。但是，排隊的人泰半是旅行業者。

此時，錢易以客座教授的身份待在荷蘭，她一知道消息，便匆匆忙忙地採取行動，以直接飛向台北為目標而努力，結果成為第一位進入台灣的大陸人民。

度過父女兩人團圓，沒有外人的一晚的錢易，翌日早上對急忙趕至的記者群說：

「我認為，台灣與中國大陸之間應更開放，應可以更自由地來往才好。可以和父親度過時間雖欣喜，但我並不打算留在這裡。」

他又加上一句：

「因為，北京有丈夫及兒女正在等著我。」

經過四十年，雙方已各自建立新的生活。

二年之後的九〇年八月三十日早上，錢穆在自宅嚥下最後一口氣。出生於江蘇省無錫，未接受過大學教育的自習者，其論文獲得極高的評價，被提拔為教授，培育了許多學生。歸納整理《中國史大綱》、《中國文化史導言》等著作，六〇年被聘任至美國耶魯大學，擔任客座教授，開班授課。僅用中文上課，在同一大學他是破天荒第一人。

在香港及吉隆坡教學之後，於六七年移居台灣，至八六年為止，歷經七十五年間都教授歷史的老學者，到了最晚年，實現與女兒命運般的重逢的心願，成為被留名歷史的人物。

從台灣當局終於解禁人民訪問中國大陸（探親）的八七年起，一年間進入中國大陸的人數達到二十一萬人。經由香港的間接貿易，僅僅此年的上半期，總額即達十一億一千萬元，比前年增加了六十三％。由記錄顯示，台灣企業的大陸投資也急增了，且其數目有人說是數十家，也有人說是超過百家。

基於人道上的問題而被認可的回鄉行動，變成經濟交流加一把勁的形式，刺激了經濟，使中國大陸與台灣在經濟方面的聯繫急速地加深。並且，這樣的交流，在挑起同為中華民族的同族意識的另一方面，也顯示了海峽兩岸相差懸殊的價值觀的差異、生活水準的不同。此一落差，很快地也對統一議題投下了波紋，掀起風浪，但是，在此希望要再稍微探究海峽兩岸的主角們的故事。

中國人是醜陋的？

因《醜陋的中國人》一書，連在日本也形成話題的作家柏楊（本名郭衣洞），為出生於大陸的外省人。他回到大陸的故鄉的時間，是在八八年十月，再婚的妻子張香華（詩人）也一起回鄉。

一抵達自幼生長的河南省輝縣，留在中國大陸的女兒就帶同孫兒前來。柏楊至此才明白自己的兩個妹妹及弟弟一直行踪不明一事。

女兒所敍述的半生遭遇，超乎想像地嚴酷殘忍，使柏楊的心情更加地陰沈鬱悶。她在文化大革命時，因父親與國民黨一起逃至台灣的理由，受到周圍人們的欺負虐待，只能吃玉米但不能吃油脂或其他食物。因為肚子餓，一到了傍晚，就變成什麼都看不見般的衰弱。

因為找不到工作，為了就業餬口，她帶著豆子至距離二十公里遠的官員家。對她來說，這是貴重的食料，但是官員卻說：

「這樣的東西，連我家的豬都不吃！」

說著便丟下。

與其說是柏楊的中國批判，他的中國人批判毋寧更加激烈。

「中國應及早開始變法自強運動，也就是政治改革。看看今天的現狀如何？國民仍然這麼地辛苦，真是恥辱。具有五千年以來傳統文化的封建制度的病毒，和無產階級專政、獨裁的病毒一起，形成了現在的中國大陸。」

「國民黨剛開始是充滿了熱情，但卻立刻腐敗下來，共產黨也是如此。中國大陸是一灘死水，中國人只是生存在這個醬缸的醃菜而已。即使是什麼樣美味的東西，一到這個大醬缸之中，也會立刻腐化。」

柏楊在《醜陋的中國人》一書，詳細地鋪展此一論述之後，甚至寫過：

「中國人最為顯著特徵，也許是污穢、無秩序、吵鬧吧！」

「第二個特徵，是派系鬥爭、內訌。」

他一被問到：

「您經常寫這一類的事情，都沒有發生問題嗎？」

便回答說：

「這倒是還沒有形成問題呢！」

但是，八五年在台灣出版之後，瞬間招致議論，在香港及中國大陸也出版此書，引起爆炸性的暢銷。但是，批判也紛至沓來。諸如：

「儘管如此，您還是中國人吧？」

「您在出賣同胞吧？」

「是以醜化詆毀中國人而混飯吃的心態吧？」

在中國人之中，能謙虛地傾聽對方批判的長者風範的人很多，與其說度量大的人很多，毋寧說被稱之為成熟的大人是中國人的理想。因此，中國人有修養人格的一面。不消說，在另一面中國人也是一個自尊心極高的民族，因此，非得注意批判的方式不可。尤其是日本人，常說一些愚昧、迂闊的話，疏忽了別人的感受，以及可能造成的後果，變成吵吵鬧鬧的，引起無謂的爭執。

柏楊八八年一回故鄉，就感覺中國大陸的知識份子看起來是有德的大人，有人對他說：

「我讀過您的書了。的確，中國人必須自我批評。」

「非常感動！」

然而，《光明日報》作了批判，變成禁止發行，書本從書店消聲匿跡。雖然沒有人當面向柏楊提到書本的事件，但在背後批評他的仍一直出現。

「結果，無論在何處的中國人社會，反應都是相同的。也許正因為文化是相同的吧！」

柏楊一九二〇年出生於河南省開封縣。十八歲便加入國民黨，成為三民主義青年團的幹部。中日戰爭結束之後，畢業於東北大學，就任東北青年日報社長，擔任遼東學院副教授，但由於國民黨敗北，於四九年一起遷移至台灣。

他可以說是喝國民黨的奶水長大的，逃難至台灣之後，也稱得上是相當優秀的菁英份子。之後，歷任中國青年寫作協會總幹事、國立成功大學副教授、台灣藝術專科學校教授，成為《自立晚報》的副總編輯。成為這份反體制氣息濃厚的報紙的編輯時，似乎和國民黨的蜜月期便結束了。

六八年三月，柏楊因侮辱元首罪、為匪行文化統戰工作罪的嫌疑而被逮捕。在為報紙《中華日報》文化欄的漫畫上作說明的一角，被視為暗中批判蔣介石總統一夥人的文字。漫畫是一對父子在無人島釣魚。

柏楊附加說明：「父子兩人購入這個島嶼，輪流地擔任總統。」當時，台灣方面從蔣介石總統到兒子蔣經國的父子世襲，形成一大問題。這段說明，被看成是批判了此一問題（事實上，他也許正打算批判）。

正如已經提及的，當時的總統是蔣介石，此時正是將特務納編於手中的兒子蔣經國擔任國防部長，開始出現於表面舞台的時候。對當局有所批判的知識份子相繼被逮捕。

柏楊被視為中國民主同盟的成員而服刑，七六年三月被釋放，但其後一年又二十六日之久又再被置於軟禁狀態。其間，發生他的妻子因他之故而求去的悲劇。

「我雖在偶然間加入了國民黨，但那個解放之際的共產黨，真是了不起。那個時候，我認爲國民黨即使能勝過它十分之一，就不知該有多好。」

「因此，國民黨變得如此這般的好，也無法想像。在台灣，自解除戒嚴令以來，民主便有所進展，思想的開放也進步了，經濟上也正欣欣向榮。」

在醬缸般的中國人社會，政治改革實現了，且民主化了，此事在過去的歷史上一次也沒有，是史無前例的。中國大陸及新加坡無法從獨裁的政治中超脫出來，香港則一直是英國的殖民地。台灣的改革，對他而言也可看成是一項奇蹟。

然而，在戒嚴令之下，被國民黨強制服刑的柏楊，並不是說放手毫無顧忌地讚揚國民黨。和許多知識份子及活動家一起嚐受六、七〇年代的苦楚，體驗豐富的柏楊強調說：

「台灣的民主化，是人民自己爭取而來的，並不是國民黨所賜與的。」

拜訪他的家，是在天安門事件（八九年六月）稍後的事。透過書本重複極度激烈的意見的作家，見了面一看，是個溫和安祥的老人。他說，每天他都關在書房不出來，一年三百六十五日，都在研究調查中國的歷史，持續著著述文章的生活。

六月四日的天安門事件，台灣人在自宅的電視看見了。事件的情況，由於軍隊的開砲、殺人的影像闖進台灣的客廳，給予他們極大的衝擊。

柏楊說：

「看電視後流了淚，再看還是流淚，反覆不停，無法抑遏。」

「今後中國大陸會變得如何？」

一問他，他就低頭一動不動地沈思之後，反而問起我來。

「你認為如何呢？」

他變得很悲傷，眼睛黯然下來。我在想，啊，這個人是真正地愛著中國人，是愛國家的啊。他對中國人的批判，是愛情與自尊的反面。

「中國大陸雖然在慢慢地反省，但封建的文化不作改變是不行的。應恢復私有的財產，需推展國營企業的民營化。培育中產階級，實行民主主義的教育。」

柏楊一字一句細細斟酌似地說著，令人玩味。

話正說得起勁，不知不覺之間就夜深了。他勸誘我：「要不要一起去吃晚飯？」一到餐廳，跑堂的侍者已在餐桌上擺好料理。在柏楊的面前，已放置了第五碗湯麵，妻子張香華面前，則準備了白飯、炒蛋、炒青菜、肉、炒茄子及湯。

柏楊一面苦笑一面說：

「因為我是北方系的中國人，所以麵包及麵條是主食。而妻子因為是福建省出身的南方人，所以吃飯。由於無法強迫彼此接受對方的喜好，因此，每次吃飯時就請店裡做兩種料理。」

「要吃哪一種？」

柏楊詢問我。我請他給我飯。雖然吃著飯，但愈吃就愈感覺到稍稍能瞭解中國人拘泥於自己的飲食生活的問題。而且，也有了稍微瞭解來自大陸的外省人和出生於台灣的本省人結婚的家庭中，餐桌上會有什麼樣食物的感覺。

在台灣的街道上，年老的外省籍老兵所開的餃子店、湖北料理店、上海餐館等等，和當地的台灣料理店並排著，一家又一家。外省人即使年老了，也仍不忘自己所生長的土地的料理，這樣的大陸料理店也興盛繁榮。

不僅是外省人，即使是世界上哪一條的街道，也都有中華料理店。儘管流徙至哪一個土地，也一定會聚集起來，建立中國城，出刊中文報紙，執著地維護自己的文化，吃中華料理。柏楊所批判、從未停止愛著的中國人，便是無論在何處也希望能保有「我是中國人」的事實。

海峽兩岸交流的背景上，也許也有這樣的共通的中國人意識、華人意識。中國大陸一面彼此互相批判，一面又偶爾互相瞧不起對方，但是，在「中國人」這一點上仍深深地聯繫在一起。不過，年輕人就不知如何了。

談論天安門事件的作家柏楊
（89在自宅攝）

因天安門事件而負傷的「中國時報」記者徐宗懋（91）

前民進黨秘書長張俊宏（89）

就任在野黨民進黨主席不久之後的黃信介（88.11.在其自宅攝）

天安門軼事

「如果注意一點，那就會發現就在床上方。正在睡夢當中，經常響起槍聲。」有力報紙《中國時報》的徐宗懋記者，採訪天安門事件時，在廣場上被人民解放軍狙擊，由九死一生中保住性命。當時，他是三十歲。事件二年之後，回到職場訪問徐記者，他仍在恢復當中，話也說得很不平穩，相當吃力。

發生事件的六月四日凌晨二點左右，徐記者待在天安門廣場前的長安街。恰好正在那裡，解放軍的卡車翻覆橫倒路上，且燃燒起來。就在火焰蔓延開且相當多記者聚集過來之際，我那時其實也在同一場所。

北京的街道處在只有亢奮與混亂的狀態之中，年輕人揮舞著棍棒，開始騷動起來。槍聲從「砰——」的乾音，變成「茲——」的重音。雖然不想確認，但也許是從威嚇用的空彈替換了實彈了吧？

寬度接近一百公尺的長安街上，不斷擴展而充斥於兩旁的數千名市民，臉色大變開始逃竄。我飛奔進附近石橋欄干的背後。在旁邊的年輕情侶大聲說：「那些傢伙是認真的，快逃！」便往東方北京飯店的方位跑過去。

藉著燃燒得熾烈旺盛的卡車光亮，完全武裝的士兵的模樣浮現眼前，作出放槍的姿態，成群結隊地靠近而來。十人、數十人，瞬間便膨脹為數百人。似乎從故宮（紫禁城）的方位，殺出天安門的通路。

我靠近可以看見年輕士兵表情的距離，便知曉他們緊張且異常地僵硬。這個時候，是最危險的，也許他們會因亢奮激動而開槍。

「真不妙。」

我第一個散開，逃向東邊的方位。背部附近，發出可怕的聲音，槍聲迸裂開來，簡直就有從一公尺後射擊過來般的感覺。即使想前進，但在市民處於恐慌混亂的狀態，集結成群之際，無法前進而動彈不得，好不容易才跑進行道樹的背後。

一名學生呼叫：「他們恐嚇威脅人，無法抵抗！」市民再度止步，和軍隊相對峙。「奮起啊，大家都飢餓著！」——一名年輕人聲嘶力竭地發出高喊，唱出「國際歌」，佔滿長安街上的市民唱起大合唱。槍聲又傳到這裡，市民逃竄。士兵排成一列，一見東西便對著空中舉槍，一有風吹草動便對目標開砲。

每次的槍聲之中，都有幾名市民倒下。槍聲一平息，逃開的市民就又回來，將負傷者放上兩輪拖車，運送至醫院。其中，也有人頭部及胸部被射穿，當場死亡。

徐記者從長安街南下，迂迴而行，向著廣場中央走，想走到留在廣場中央的英雄紀念碑的學生身邊。好不容易摸索到紀念碑背面，但是，被由後方狙擊。被擊中的子彈，從頸部穿過嘴巴而出，飛到外面。牙齒上排有五顆，下排有二顆，總計七顆牙齒都迸飛掉落了。

倒下的徐宗懋，由旁邊的工人幫他運送至附近的同仁醫院。護士親自為他看護，保住了一條性命。在廣場上的學生，被士兵驅趕四散，成為民主化運動的象徵的天安門廣場，那一天直到黎明，都是沈默無語的。

徐宗懋之後回到台灣，又再住院三個月。台灣醫院的醫師一見傷痕就說：

「如果子彈往後移一公分的話，那就會當場死亡。」

擔任國際線空中小姐的妻子，一面哭泣，一面為他照顧傷勢，暫且休息再重回工作崗位。雖然經過二年，他右半身的感覺仍一直是麻痺的，且頸部持續著疼痛。總而言之，每次一呼吸，或是同時地心臟也跳動了，其疼痛便在頭腦裡四處流竄。

「右半身即使被澆淋熱水也沒有感覺，所以什麼也不知道。」

「我現在可是窗邊族，只能坐在那兒凝望。」

他說著，無力地笑了起來。全新的假牙，發出黯淡的光亮。

徐宗懋的父母出生於大陸福建省，戰後移居台灣的外省人。他本身在台灣出生、成長，是所謂外省人第二代。畢業輔仁大學西班牙語學系時，他在報社外電組負責東南亞事務，曾有擔任特派員至柬埔寨、尼加拉瓜等地採訪的經驗，北京採行戒嚴令之後，奉命進入中國大陸。

以意外的形式進入父母的故鄉的徐宗懋，僅僅看見人民那種恐懼的眼光之後，至今仍苦惱於其後遺症，即使如此，他仍說：

「若從長遠的眼光來看，中國大陸與台灣不是朝向統一發展嗎？」

「我是一個實際的。但是，一考慮到現實上的問題，就認為目前海峽兩岸的經濟等級差距過大，統一是很困難的。然而，大陸的人們不是一直認同台灣在經濟方面所不斷累積的經驗，接受所謂的台灣經驗嗎？今後若能使交流更進一步推展，不就可以產生共通的認識，形同共識。我這麼認為，並非說大道理，而是純由感情上出發，認為中國大陸與台灣終究還是會朝向統一發展。」

「天安門事件發生時，中共政府鎮壓學生運動，但那時候也許是無計可施才出此下策，不如此做，恐怕就要引起更大的混亂。但是，擊斃人民是不好的。」

「中國人非得更重視所謂的生命不可。是的，中國人每一個人都應彼此互相尊重、幫助。」

「我的未來？事件之後，我有在所剩餘的人生生存、度過餘生般的感覺。現在一面忍受著疼痛，一面只能繼續活動下去。」

歷劫歸來的徐宗懋的工作場所，是國際新聞中心。因此，他一邊做著報紙的剪貼，一邊過著日子。

「現在心也穩定平靜了。但是，似乎尚未從夢境中醒來，有一種恍恍惚惚、心不在焉的感覺。」

事件的一年之後，他再度訪問北京。在北京機場，入境管理官員確認了徐宗懋的過去。管理官以不可思議般的表情問道：「您究竟做了什麼才恢復過來的呢？」

徐宗懋說：「別人的幫助。」

他對於給予自己照顧的人，很想道一聲謝。

「聽說，護士小姐由於幫助台灣人，受到上級的批判。那個人是我的救命恩人，但卻……。雖說如此，如果沒有幫助那些人，心裡可過意不去。」

在混亂之中，只因將參加學生示威抗議的人收容於醫院，便被當局視為「藏匿人犯」。在可怕的緊張氣氛之中，注意到台灣人的人，幾乎沒有。充其量，也只受到麻煩者的待遇。僅僅如此，便會將照顧自己的人的好意銘刻於心。

事件教給徐宗懋的是，中國大陸的恐懼，以及中國人的溫柔親切。

「向救命恩人道謝之後，更成為精神上的莫大快樂。對於因我而陷入苦境的人們，我這一次希望能自助。這是我的夢想。」

第五章 與虛構的對決

非合法活動

台灣的民主化，是和革命不相上下的事件。有書中寫道，圖謀其歷史的轉換的人，是獨裁者蔣經國。然而，另一方面也介紹過作家柏楊說過：「台灣的民主化，是人民爭取而來的。」似乎有人說兩者都是正確的，但只能說兩者都是事實。在台灣的「革命」上，兩者糾纏在一起，共同改造台灣。

以人民無法相信般的韌性，持續進行著針對國民黨的抵抗、反體制運動。在蔣經國的決斷的側面，也有著這樣的光景。

以往，也許是拘泥於解除戒嚴令的意義，而過於強調蔣經國的角色。今後所接觸的，將是持續迫使蔣經國進行改革的人民的姿態。他們所經過的歷史，非常地嚴酷殘忍，無論翻到哪一頁，都是用血塗寫的。

走在台北市南北走向的重慶北路，它隨時是一條汽車及摩托車混合而吵嚷的大街。也有城市工廠、餐廳、理髮店的招牌並列的工商業區，經常都籠罩在二氧化碳廢氣之中。離開街道，進入約五十公尺寬的小巷處，有黃信介這位政治家的自宅兼事務所。

黃信介在八八年十月在野黨民主進步黨（民進黨）的第三次黨大會上，被選為黨主席。但是，此時在台灣是在野黨的存在不被認同之際，民進黨仍是非合法的政黨。訪問他的宅邸，是在他被選為主席之後不久的事。

之後，達成與李登輝第一次的朝野兩黨高峰會議的黃氏，穿著破舊襯衫，現身在我眼前。秘書都不在，他說：「來，請進吧！」並親自為我帶路參觀房屋。身材矮小，白髮理成平頭，似乎人很好的初老男士，乍見之下，令人有城市工廠的經營者的感覺（事實上，黃氏曾經真是城市工廠的經營者）。

剛剛被請進房間，有國際電話掛來了。是英國ＢＢＣ廣播公司來請求他接受電話訪談的。

「我失陪一下。」在以日語打過招呼之後，黃氏對著話筒，用國語開始說話。令人驚訝的是，他一邊端坐在地板上，一邊用雙手抱緊話筒。中國人因為是過坐在椅子上的生活，所以並不端坐（無法端坐）。在看著他正坐在地板上的背影之中，我捕捉到一種和日本人見面的奇妙錯覺。

黃信介自我介紹說：「我是昭和三年（一九二八）八月二十日出生於台北。」他是成長於日本統治時代，學習日語的道地本省人。

八七年七月十四日，解除戒嚴令被發表時，他在自宅二樓的客廳看電視。「戒嚴令由十五日凌晨零時起被解除了。」這個消息一再反覆地被傳佈。當時，他回顧說：

「現在這個時候才宣佈解除戒嚴令？我認為是愚蠢的傢伙，我不能想像蔣經國會有誠意解除戒嚴令。那似乎是為了準備死後不被墮入地獄而做的。」

平靜的黃信介，一將話題轉移至蔣經國與國民黨上，便激昂到異樣的興奮。對他來說，蔣經國直到如今仍只是敵人而已。為何會變成這樣呢？如果不回溯他過去的歷史，那麼恐怕就無法瞭解吧！

黃信介出生於台北的地主之家，畢業於中興大學行政學系的前身行政專科學校之後，至日本大學留學，成為政治學博士。回國之後，開始經營工廠，擔任三井金屬合作的啟新化工的董事長。

然而，他原本即對政治非常關心。母親的兄長連溫卿這個人，和社會主義者山川均很親切，家中放置著河上肇的《貧乏物語》等書。

剛開始是加入國民黨，但後來退黨。一九六〇年，以無黨派身份當選為台北市議員。五年之後，在立法委員的增額選舉中被推為候選人而當選，成為在野勢力（黨外人士）中心性的指導者。

七五年，發行《台灣政論》這份雜誌，開始批判體制。這份雜誌，發行人為黃信介，社長為康寧祥，總編輯為張俊宏，副編輯為黃華，法律顧問為姚嘉文。支持後來民進黨都齊聚於此。在蔣經國時代的台灣，雜誌僅僅出刊五期便被禁止發行。

黃信介接著於七九年八月創立名為《美麗島》的雜誌，社長為後來也同樣成為民進黨主席的許信良。在發刊辭上，黃信介寫了一篇叫囂般的文章：「歷史給予我們試煉」。

這份擺開追求民主化論戰陣仗的雜誌，在台灣全境引起回響，雜誌如飛躍一般地暢銷。而銷路愈直線上升，當局的警戒也愈強，很快地，便開始因特務之故而惹當局不快。《美麗島》在各地設置事務所，每次召開的集會上，一些稱之為愛國青年的男子，行使暴力。當時，正是台灣剛和美國斷絕外交不久之後，國民黨政權的基礎從立足點被激烈地搖撼之際，指導部變得極端地神經質。如此一來，在緊張高漲之中，終於發生了美麗島事件。

十二月十日，「美麗島」雜誌社在高雄召開人權大會。大會之後，未經許可就舉行火把示威遊行，市民約有三萬人參加。不久之後，參加者與警察發生衝突，警察之中出現許多負傷者。

黃信介於十二日召開記者會，抗議說憲兵、警察挑撥起市民的憤怒，引發暴力。然而，警備總司令部無視於此一主張，出現一齊舉發關係者。張俊宏、林義雄、姚嘉文等主要成員被捕，在此時成為社長的施明德，潛匿逃亡（二十五日之後，在台北市內的逃亡處被逮捕）。

最高責任者黃信介，十四日上午九點半正在自宅二樓時因判亂罪嫌而被逮捕。警備總司令部的官員突然闖入，不容分說便被帶走了。

因為在戒嚴令之下，所以審判是在軍事法庭進行。八名主要指導者被起訴，受到有罪的判決。黃信介判處徒刑十四年，褫奪公權十年，財產也全都被沒收。施明德判處無期徒刑。之後成為黃信介智囊，也被稱之為民進黨的諸葛孔明的張俊宏，被宣判有期徒刑十二年。

事件在美國的傳播媒體被大大地報導，但台灣當局執拗地反覆強調：「美國的報導是捏造的。」一連串的動作，刺激了台灣的年輕人，使黨外人士的運動更加地活潑，最終逐漸成為產生出台灣第一個在野黨的原動力。

然而，在監獄裡的黃信介是沈著鎮定的。

「那個時候的悲慘狀況，是無法用語言形容的。焦慮著一旦財產被取走，則女兒們將如何安排才能生活呢?縱然自己死了，只有對家人，希望無論如何能為他們設法應付生活。」

妻子來面會，黃氏這邊雖然很健壯，且她仍說請注意身體。彆扭起來的黃氏嘔氣地怒吼回去：「老說保重身體什麼的，那又會如何？」

這一類的話語，也許正表現了他人性的一面。

他被收容於約二坪半大小的地板房。獄方只給他薄的棉被。房間位在二樓，因為陽光反射，夏天格外地炎熱。電風扇只允許在吃飯時及就寢前讓他使用三十分鐘。

「為了防止自殺，只交給我塑膠製的湯匙。吃魚時，真是辛苦極了。」

只要一坐在地板房地上，腳就會長出腫疱來。從過了半年左右開始，為了謀求維持體力，在房間中拼命地步行。

「我交叉著雙手，放在背部走來走去，還數著一、二、一、二而步行。」

黃信介如此說，在我的眼前，他作出在房間中繞來繞去地走著的樣子給我看。他一面步行，一面不知不覺中低下頭，似乎很悲傷的表情，耽溺於沈思之中。

他說：「反對勢力的運動不是已經落後一～二十年了嗎？我並不擔心太晚。」入獄時，黃信介已經五十一歲。

結果，他們那一群都是活動家的家人，受邀投身於選舉。黃信介的弟弟、姚嘉文及張俊宏的妻子們，都取而代之投身於選舉，且都當選了。

民主化運動的浪潮，其後也未中止，繼續形成大的波濤。由於暗殺江南事件（八四年），台灣的指導部動搖起來，開始完成解除戒嚴令、解禁在野黨的政治時間表，黨外活動家終於決心組成非合法的政黨。八六年九月二十八日，在圓山大飯店，民主進步黨宣佈成立。

行政院翌日驚訝於事件的嚴重性，召集緊急對策會議，但議論泉湧而出，無法收拾。雖然作出「依法因應」的結論，但民主化的浪潮已經轉大，無法遏抑壓制了。

民進黨於同一年的十一月召開第一次黨大會，選出江鵬堅為主席。江氏為律師出身，為美麗島事件的嫌犯辯護，是在事件中加入反政府活動的律師團的一員。不過，當時是不舉行取決於黨員代表的直接選擇，由黨員全體選舉，因黨員代表的投票而被選出的主席，黃信介是第一任。

八七年五月，解除戒嚴令前夕，黃信介及張俊宏突然被假釋。此一時期，臨近晚年的蔣經國，以猛烈的姿態推進解除戒嚴令的作業。假釋也是朝向民主化前進的動作之一。儘管如此，黃信介仍頑固地說：

「我並沒有做任何錯事。可是，當局認為這是理所當然的。我從未一次想對政府的政策大大地感謝的。」

回到自己家中的黃信介，閉守家中過著讀書的日子。不久之後，八八年三月三十日加入民進黨。黨員號碼為「０４８８００８４２９」。在他不在的期間，民進黨增加了八千四百人以上的成員。

參謀張俊宏

同時進入監獄的張俊宏，像黃信介一般，並不會慌張失措。他說：

「在獄中的八年間，我一面整理今後黨外人士應該如何取得政權的想法，一面繼續寫文章。」

在連在野黨的存在都不被承認的時代，只因出刊雜誌而被逮捕的張俊宏，看出縱然如此時代仍在改變，埋首於準備工作之中。一個勁地讀書，繼續推敲取得政權的方案。

出獄之後，黃信介一成為民進黨主席，就上任為第二號人物的秘書長。八九年年末，在解除戒嚴令後第一次的總選舉中，擔任參謀而一手獨攬大權，打出「包圍國民黨」的戰略牌，使勁地攻擊國民黨。這也是在獄中所修練而來的戰略。

他白皙的臉龐掛著一副黑框眼鏡，乍看見之下有學者般的風貌，但是，以銳利的眼神凝視著對方。一九三八年五月出生於台灣南投縣的本省人，畢業於台灣大學政治學研究所，在國民黨中央黨部文化工作會負責新聞、言論工作。文化工作會是像黨的宣傳部一般的單位。

當時，在革命實踐研究院教授課程的，是正與李登輝總統形成改革派陣線的李煥秘書長。在李煥的手下，齊聚了若干支持後來的國民黨的年輕秀才，但從其中有兩人偏向反體制活動。一人為李煥直屬，且後來成為在野黨民進黨主席的許信良。另外一人則是成為黃信介的智囊的張俊宏。張氏並非李煥的直屬部下，但接受了此一時代國民黨的教育。

七一年，和許信良一夥人一起在《大學雜誌》七月號上發表名為「台灣社會力的分析」的論文。文中分析了構成台灣社會的職業、階層。論文的評價雖然很高，但受到國民黨的批判，於七三年退黨。

在七七年台灣初次的統一地方選舉中，張俊宏以黨外候選人之姿，由南投縣推為省議員選舉的候選人，達成當選的目標。此次選擇中，許信良當選為桃園縣縣長，兩人躍上政治的表面舞台。

但是，之後兩人的步調變得完全不同。

此年的十一月十九日，桃園縣的民眾因選舉違法而發生騷亂，並出現暴力，終於變成有暴徒傾向，縱火破壞警察局，先前稍微提及的中壢事件，成為連軍隊都出動來鎮壓的騷亂，由結果上來看，許信良候選人壓倒性地勝過國民黨所推出的候選人。

許信良之後受到黃信介的邀請，就任《美麗島》雜誌的社長。然而，在事件關係者被舉發之前，飛往美國。拒收逮捕狀的許信良，停留在美國四處奔走於組成在野黨的工作。

但是，他待在美國的期間，在台灣，民進黨揭竿而起。焦急的許信良，於八六年秋天圖謀經由成田機場進入台灣。然而，在接到台灣當局通報的航空公司，被拒絕搭乘。

無計可施之下，移往馬尼拉，下一次則以改名方式，將進入台北作為目標。有一度，好不容易才抵達桃園中正機場，但不被同意入境。

逮捕狀發出之後，原本當局就非得逮捕。然而，一逮捕反而就變成使反體制運動更為沸騰起來的結果。為此，當局只好謝絕他入境，將他逐出國門。

此時的許信良，在馬尼拉戴上女人的假髮，喬裝成另一個人。圓圓的娃娃臉且頭頂禿光的許氏，喬裝之後的模樣非常滑稽，在週刊雜誌等媒體上被大大地取笑了一番。本應是有被逮捕覺悟的悲劇性歸鄉者，卻被分派到喜劇演員的角色，自此以後，許氏的影響力便急速地凋萎下去。

成為民主化運動的節目的美麗島事件，如此一來便逐漸劃分出反體制活動家的命運。可以說，事件中最大的被害者，既非黃信介也非張俊宏。

二二八的悲劇

在七七年的統一地方選舉中，有一位同樣也由宜蘭縣當選為省議員的林義雄。出生於太平山林場工人之家，自幼父親即亡故，受母親林游阿妹一手養育成人，一面苦讀一面畢業於台灣大學，以第一名成績考上律師考試。他創立平民法律服務中心，挺身而出從事窮人的辯護行動。

因擔任《美麗島》雜誌的編輯，而於七九年十二月被逮捕。已六十歲的母親林游阿妹，於八〇年二月二十六日前往待在新店拘留所的待審犯兒子，會見林義雄一面。她說：「我的兒子是被冤枉的！」

林母哭喊著。她在那一天的二天之後，大白天在自宅慘遭某人殺害，身上有十三處刀傷。在自宅的地下室，林義雄的六歲攣生女兒亭均、亮均，渾身沾滿鮮血地被刺殺而亡。只有長女奐均，雖受了瀕死的重傷，但保住了性命。

特務一直繼續在監視林宅，但卻竟發生滅門慘案。為何會在光天化日之下發生慘殺事件呢？留下解不開的謎。然而，發生兇案的二月二十八日，是國民黨軍隊虐殺台灣人的那樁二二八事件的三十三周年紀念日。

關係者將此一事件解釋為針對反國民黨運動的，二二八事件以來對於本省人最大的政治謀殺，一時之間揣測紛紛，至今未有定論。

林氏在軍事法庭接受有期徒刑十二年的審判，正服刑中。未被捲入事件的妻子方素敏，帶著劫後餘生的女兒奐均移居美國。八三年回台，被推為增額立法委員選舉的候選人，獲得十二萬票而當選。她當選的數個月之後，林義雄被假釋放出監獄。友人帶著他去長庚醫院，入浴一番。在一陣談笑之後，逐漸地開口說出事件的話題。據說，林氏什麼也不說，一逕沈默，只是將頭撞到牆上。

林氏之後往位於宜蘭縣的家族墓地去。支援者車車相連在後面追隨他，那個行列長達數公里。在墓前，手上拿著火把的人排成一列，無數的火焰，在像霧一般的雨中模模糊糊地浮現。八五年三月，林義雄飛往美國。他幾乎不與友人來往，開始如修行僧一般的生活，除了閉關在家中一個勁地讀書之外，什麼都不做。

公害國會議員

八九年一月二十日，立法院通過人民團體組織法，這是認可在野黨的存在的法律。被稱為黨外勢力的非合法政黨民主進步黨（黃信介），也被登記為政黨。

蔣經國所號召的政治改革，繼解除戒嚴令之後，甚至連在野黨的設立都有所進展。接著剩下的是議會改革及地方自治的法制化。尤其是議會改革，更成為最大的重點。然而，高齡化的萬年議員一直繼續久佔其位，絲毫也看不出他們有引退的心情。民衆的不滿，逐漸地變成激烈的憤怒。

此時，台灣的公害正超過尋常的標準。特別是被籠罩於煙霧中的台北，整個街道像蒙上一層靄氣一般，迷迷濛濛地，看起來正冒著煙似地。塞滿道路的汽車及摩托車，散播著二氧化碳廢氣，連走路時都感到呼吸困難。

十六世紀，通過台灣海面的葡萄牙籍船員稱之為「福爾摩沙島」（美麗的島嶼之意）的美麗海島，連影子都不見了，往日的美麗不復存在。一位面熟的老人告訴我：「如果要來台北，請在八月到十月之間來。因為，颱風將天空洗滌一淨，空氣清新極了。直到南投縣的名勝日月潭為止，都可以看見紅潮。」

相當於日本的環境廳的環境保護署誕生了，在台灣全島，力圖公害對策，巨額的對策費被投注進去。儘管如此，由於工廠廢水而使魚類大量死亡的事件，仍層出不窮。在全島，反公害運動顯得如火如荼。

台灣一步一步地逐漸邁向自由，然而，其另一方面是治安惡化了，以贖金為目的綁票事件頻傳。地價急遽上昇飆漲，股票則愈來愈趨於投機化。富庶的中產階級增加了，對於切身的社會問題也寄予關心。當然，示威抗議也急增了。

像發生於日本高度經濟成長期的價值觀的變動一樣，台灣社會價值觀的變動，也從根底搖撼著社會。在與國民黨之間擺置一定的距離的人，不斷增加。台灣正迫臨這樣的時代。

當時，「三大公害」這個名詞被頻繁地使用著。三大公害既非煙霧也非汚水，而是國會議會、大學教授、新聞記者。一位服務於行政院的友人告訴我，議員是「一面自己制定法律，一面自己又不遵守這些法律。來到公家機關，只是胡作非為亂搞一通。」

大學教授是「只是任憑好惡大發厥詞地說一些不合乎實情的事情。」而新聞記者則是「藉口新聞的自由化，也全隨好惡恣意放肆地撰寫報導。由於報紙的濫設，記者不但量不足，連品質也低落了。」

可以說，在三者之中針對國會議會的非難最為突出、激烈。正如已數度提及的，從大陸逃難而來的他們這一幫人，一次也未接受過選舉的洗禮。自國民黨從大陸撤退以來，在人口二千萬人的小島上，由大陸選出的國會議員四十年間都久佔其位，成了人人口中唾罵的「老賊」，這種即使在世界上也罕有的異常事態正持續著。所謂的未經選舉的國會議員，可以用這個社會來考量，也許是最輕鬆、愉快的一樁生意買賣吧。

台灣是孫文以來的正統政權，採取五院制的體制。相當於日本國會的中央民意代表機構（立法院、國民大會、監察院）則是其中三權，此外還有司法院及考試院。司法院是以擁有最高法院以下的法院作為直屬機關。容易瞭解的機關，大概是考試院。它相當於日本人的人事院，執行公務員的考試、任免、陞遷。

具有科舉制度傳統的中國，官吏的任免、監察一直特別受到重視。孫文根據此一歷史，使監察院、考試院獨立出來。台灣的國民黨體制，使中國的歷史、傳統的氣息濃厚地散發出來。

龐大的虛構

「歷史的氣息」，其實殘留在各種地方。舉例來說，我手邊有一份台灣的地圖為《中華民國地圖集》。一九六二年出版的這份地圖上，不僅是台灣，連中國大陸全境及蒙古人民共和國，也塗上顏色，全都歸為中華民國的領土。然而，首都仍是南京。台北被稱呼為「臨時首都」，北京則標記為北平。

國民黨政權主張自己是代表全中國（這也包含蒙古）的正統政權，甚至在地圖上也如此描繪領土（後來，只是地名的標記被改正而已）。只能說是「龐大的虛構」。然而，台灣為了支撐這個正統政權，使大陸時代的國會存續下來。台灣的民主化，也有停滯不前的地方與虛構之間的戰鬪。

中華民國憲法被發佈的日期，是一九四七年一月，此時正是共產黨與國民黨內戰方酣之際。承奉憲法的規定，同年十一月，第一屆國民大會代表的候選人，於翌年四八年一月舉行第一屆立法委員。這是以中國全境為對象而被選出的國會議員。規定名額為七百七十三人。根據憲法的規定，任期應為三年。

然而，國民黨在內戰中敗北，四九年遷移至台灣。以現實問題來說，在大陸舉行選舉是不可能的。在台灣舉行不就行了嗎？雖然民衆如此說，但政權拒絕這種做法。一旦僅僅在台灣舉行選舉，則便不是大陸的國會，而是成了「台灣的議會」，而號稱為「代表全大陸」的政權的正統性，便逐漸地喪失了。有人主張說，回到大陸是早晚之事，所以不可以連國會的正統性也使之變更。

也就是，他們一幫人想要維持虛構的正統性。不僅如此，還將此合法化。五四年，執行法律解釋的司法院大法官會議，進行新法的解釋（釋字第三十一號）：

「第二屆立法委員根據法律被選出之前，第一屆立法委員應繼續行使其職權。」

根據這項解釋，國會議員的任期變成「回到中國大陸為止」。未接受選舉洗禮的萬年議員於焉誕生。

八九年初始之際，立法院萬年議員的平均年齡為八十一・四四歲。國民大會代表方面，則達七十七・七五歲。八十多、九十多歲的議員並不稀奇。六九年，這個現象非常地嚴重，由於多少應反映一些台灣人民的聲音，因此舉行了增額部份本身的選舉。當然，從全體來看是微小的數目，所以並未給予表決影響，對法案產生不了作用。

在立法院曾經可以看見滑稽可笑的光景——老議員在審議中竟然打起盹來，讀著報紙，或是拿著茶杯在議場中轉來轉去。也有人以為年輕議員開始閒聊起來，突然向年輕議員說教。儘管如此，出入議場開會的人，還是增額的立法委員。大多數的人，都一直閉關在家中難得出門。即使只看國民大會代表，八七年有三十八位，八八年有五十六位代表，以未退休的高齡逝世。儘管如此，他們並未引退。

位於台北市東北的內湖區，有一個名為大湖山莊、禁止一般人進入的高級住宅街。整個基地被用牆圍起來，正面入口被設置鐵門，有警衛站崗。這是為了萬年議員而建立的住宅區。雖然曾僅有一次被請入其中，但庭院很廣闊，停車場並排著高級轎車。此外，議員還以歲費的名目獲得每月平均十萬元新台幣左右的薪水。

蔣經國總統於八七年七月解除戒嚴令之後，緊接著是內政方面最大的議題，亦即考量國會的改革。打算在翌年一月二十日的國民黨中央常務委員會上，順利通過此一方針。他對大家說即使冒著生病的危險，也準備出席會議。然而，會議僅僅一週之前他便逝世了。

繼任的李登輝總統，一就任國民黨代理主席，就召開就任之後初次的黨中央常務委員會（八八年二月三日），在會議上通過推進議會改革的法案。國民黨之中，出生於台灣的本省人已經逐漸增加。然而，內政的課題被堆積如山，它們也考驗著指導部。結果，經由行政院之手，國會改革的法案在立法院被提出來。此一法案的名稱，稱作「第一屆資深中央民意代表自願退職條例」，於八九年二月公佈。

所謂的第一屆，是指四七、八年在大陸選出的萬年議員而言。不過，成為國會改革的衆矢之的這項條例，在任何地方都未載明讓他們一群萬年議員「辭職」，而僅僅寫上「本條例的對象可以依志願申請退辭」。也就是說，無論辭不辭職都可以。

但是，關於「由於重病，連續一年以上無法執行職務者，以及居住在外國超過半年以上者」一條，則被視為自動退職。因此，有少許人可以接受辭職，然而，泰半的萬年議員只是被說服才接受辭職的事實。

當然，在野黨民進黨是非常憤怒的。

「變成這樣的大加刪除資深議員，是萬年議員本身的抵抗所致。他們是厚顏無恥的老賊。應強制性地命其辭職。這也應訂出期限。」

「即刻，全面性地改革國會！」

對李登輝總統而言，這也許是一項痛苦的抉擇，但為了民主化，只得全國改革議會。然而，他自己的總統選舉也在二年之後來臨，而國民大會代表正是選舉總統的機構。一旦惹得他們不悅，對自己本身將有負面影響。

接受條例成立的事實，已百歲的總統府資政張群表明引退的意願。在中國甚至曾擔任過行政院長的大人物，率先有所動作。然而，其他議員的引退總是遲遲未有進展。這樣的現象，即使是在中國共產黨也是一樣。此一時期的鄧小平，為了帶領周遭的老幹部結伴引退，自己先降職為中央委員。

一位大學教授發出不平說：「一人份的退職金為三百七十四萬新台幣，並不便宜，但是，如果用金錢可以買到不流血的民主主義，那就不算昂貴了。」

將台灣人民的苦中帶甜的心情，很清楚地呈現出來。然而，這種苦澀的情緒悄悄地蔓延到民眾之間，迅速地成為緊緊地勒住國民黨脖子的繩索。

萬年議員的引退剛被打開一條道路時，舉行了選舉增額立法委員及全省縣、市長的統一選舉。八九年十二月二日投票，即日開票。因為號稱解除戒嚴令、政黨合法化以後初次的選舉，顯得異樣的熱絡，全島像發了燒似地。

由黃信介所率領的民進黨，由秘書長張俊宏歸結出「從地方包圍地方」的作戰策略。

國民黨自統治台灣以來，在全島各個角落建立起堅固的地盤、組織。連在經濟方面，也控制公營企業，在企業界、經濟界紮根。媒體尤其是電視，完全被其支配。不僅是外省人，也培養本省籍的年輕領導人才，甚至讓他們安置在重要職務。以往逐漸鞏固，以及被民進黨深深期待的，充其量不過是反對勢力的角色。然而，張俊宏的想法是不同的。他認為，任何政黨都必須以執政掌權為目標，但其周遭人們並不認真，掃興而無趣地說：「誰可以推翻國民黨呢？」儘管如此，他仍認為是可能的。

只要一分析過去的選舉，就可發現：在幾個縣、市的，非國民黨系的候選人曾經當選。由於國民黨式的利益誘導，地方世居的有力人士有其以地緣血緣為主體而集中彙聚的地域，形成牢不可破的地盤，各有自己的政治立場，也各擁有自己候選人。民進黨應使力量集中於這種地域，進攻國民黨的地盤。一旦控制了地方的首長，則便可斷絕國民黨所擁有地域的經濟利益，財政基礎也會逐漸地崩壞瓦解，不消多久，便可控制立法院，取得政權。

張氏將其在監獄中服刑時所思考出來的理論，歸納整理於《到執政之路》一書。夏天排列於書店店頭，瞬間便成為暢銷書。

雖然如此，民進黨的步伐仍有問題。那便是內部的對立。這個政黨原本即是反國民黨勢力的聯合體。除了被稱作穩健派的美麗島系，以及過偏激的新潮流系這兩個派系之外，不屬於兩者的中間派也於焉形成。其分立的情形表面化起來。

黃信介這一夥美麗島事件的中心人物，是透過雜誌呼籲民主化的派系，以工商業相關人士、中產階級居多。他們希望出現經由議會活動而達成的民主化。新潮流系則以知識份子及工廠勞工們爲中心，主張加強街頭上的示威抗議等群衆運動。

黃信介一被釋放，加入民進黨，便在其周圍聚集了穩健派。他們形成美麗島系，對抗過於偏激的新潮流系。在選舉中，美麗島系所推出的黃信介，便與新潮流系的姚嘉文主席形成對立，展開激烈型的選舉戰。

不久之後，新潮流系一強烈地主張「台灣獨立論」，美麗島系就反駁獨立論一直是使對立浮出枱面的焦點。在此所謂的「獨立」，是指卸下「中華民國」的「招牌」，成立一個截然不同的另一個國家，舉例來說，有一個發想是意圖建立名為「

台灣共和國」的新國家。

選舉之後，當選為主席的黃信介，在獨立派中打進楔子。

「人民對社會上切身的問題抱持著不滿。但是，民進黨卻只是在內部的鬥爭中消耗體力。今後，必須逐漸地在經濟、交通、公害問題等方面，拿出具體的公共政策才行。」

「現在，在台灣與大陸之間，引起戰爭的條件並未齊備。台灣沒有資源，輸出的五〇％依存於美國，但美國的經濟也不佳。排斥大陸，對台灣而言並非有益之事，與大陸展開經濟合作，且互助合作才是良策。不瞭解對方是不行的。」

這並不意謂著，台灣與大陸應該統一。

「在台灣及大陸兩地，每一人的GNP相差二十倍。拉開如此大的差距，要如何做才能統一呢？」

黃信介雖然原本是一位企業經營者，但其想法是很實際的，很瞭解中小企業經營者的心態。勞工的薪資持續提高，許多企業變成面臨不得已要進出大陸的狀況。而且，逐漸富裕的中產階級正在增加。他們期望安定一事也是可以理解的。

還有，這也是他自身的問題。黃氏有一位年長二歲的兄長，正住在大陸。仍為台灣大學的學生時，他偶然前往大陸，因內戰而有家歸不得。之後，他在大陸嶄露頭角，成為政治協商會議的地方委員。

民進黨依然持續著搖擺動盪的局面，八九年四月七日，投身於獨立運動的活動家鄭南榕引火自焚，為台灣獨立而殉身。因叛亂罪嫌疑而接到傳喚令的鄭氏，在警察大隊人馬一踏入時，就關在自宅中投擲酒精瓶，被火焰吞噬其中而死亡。

其妻葉菊蘭為了繼承丈夫的遺志，發表聲明已由民進黨推為候選人，這位打出「獨立」牌的候選人，格外地受到矚目。

九月，許信良意圖以漁船「金滿財3號」第三度入境台灣，但在高雄海面被逮捕。民進黨的活動人士要求釋放許氏，將近一萬人的支持者，在許氏被拘留的土城拘留所前進行示威抗議，與警察發生衝突。

十一月五日午後，緊接著是女兒及母親被慘殺的悲劇主角林義雄回到台灣來。林氏發表了親自歸納整理的「台灣共和國基本法草案」。這同樣也是訴求台灣獨立的草案，《自立晚報》大大地加以刊載報導。

同一時期，在城市中電影《悲情城市》正首映著，電影初步由正面提出一向被視為禁忌的，因國民黨士兵而起的虐殺台灣人的二二八事件。

製作電影的侯孝賢導演，是廣東省梅縣出身且幼時即移居台灣的外省人。然而，電影令本省人回憶起過去的悲劇。三十三年之後的二月二十八日，家人被慘殺的林義雄回台，看著電影哭泣起來。

「二二八事件中林家的悲劇，四十年之後由別人取代為其製成了電影。我家的的悲劇，不知誰來為我拍攝成電影？」

翌月六日，民進黨姚嘉文前主席一夥人創立了也應稱作獨立派團體的「新國家連線」，揚起旗幟展開行動。與新潮流系及接近此派系的候選人三十二人聯名簽署，訴求獨立論。

內訌

另一方面，被承認而站穩腳步的國民黨中，也是問題叢生。首先，八八年四月在台灣出生的本省籍立法委員召開「早餐會」。這個「早餐會」，是以討論立法院議事的運作為目的，但成員逐漸地膨脹，成為「集思會」的派系。這個派系，成為支持台灣籍的李登輝總統的勢力，在另一方面，則給予外省籍立法委員疏離感。

八九年六月，李—李改革派陣線正式地開始運作，但具有實力的行政院長李煥並未察顏觀色，不知總統的心意，仍任用其培養的部屬，無所忌憚地大顯身手，發揮其政治力、行動力，尤其是，對與大陸交流顯示出積極態度。說外省人李煥的接近大陸動作，給予本省人李登輝不安，並不是非常奇怪、難以理解之事。

李登輝的人氣，此時可以說是達到巔峰地高漲。藉由記者會及地方視察，引來人們對其坦率直爽的人品的好感，連各種民意調查，也出現了支持率高達八十％這種應會令人吃驚的結果。然而，炒熱報紙第一版是一再重複大膽言論的李煥。

「李煥有野心。」

這樣的聲音，逐漸被人公然地耳語著，成為公開的秘密。

八九年八月，緊接著國民黨的年輕一輩改革派小組創立了「新國民黨連線」的團體。成為中心人物的，是外省人第二代趙少康。成員也摻入了本省人，但年輕外省人團體的色彩很強烈。如此一來，本省人及外省人的對立便悄悄地推向表面。

國民黨在各選區準備了提名的候選人，但內部的氣氛也曾經變得自由，提名的調整，必定還無法順利地進展。提名中所遺漏的有力人士，表面以無黨無派出馬競選，而放棄被提名為候選人，則在背後開始採取扯被提名候選人的後腿的行動。

在被視為一塊岩石的國民黨內部，也一直看得出分裂的徵兆。

民進黨的黃信介——張俊宏陣線，希望徹底地貫徹穩健路線。選舉的爭議點，是希望多費心思於國會改革、公害問題等切身的問題，衆人殫精竭慮想出好方策。然而，新潮流系一拉高聲調主張獨立，媒體所傳達的選舉印象，是民進黨等於台灣獨立。國民黨逐漸將兩岸統一列入黨綱，但現實上仍然主張「當前應維持現狀」。並有「中國必須統一，但要現在立刻統一，並不實際。希望暫且維持現狀。」這種想法。

並非統一或獨立的對比，而是形成維持現狀或獨立這種對比。民進黨的過度偏激性，格外地顯眼。然而，作為民進黨的運動員，選舉的爭議點若不夠明確，則選舉就無法一拼高下，分出勝負。即使是訴求公害問題，也無法推翻國民黨。

而且，形同手足而四處奔走的運動員，正被新潮流系操控著。與其說如此，毋寧說正是新潮流系一直在培育滲入地方的活動家。他們雖然過度偏激，但在另一方面也是純真的。這個特質鮮明地反映在年輕人身上。

如此一來，黨員有二百四十萬人的國民黨，以及黨員一萬人的民進黨，便一直抱著難題，挺身投入選戰。選出的增額立法委員為一百零一人，縣、市長為二十一人，省議員為七十七人，台北市議員為五十一人，高雄市議員為四十三人。

小白菜

台灣的選舉就像祭典一樣，熱鬧非凡。尤其是民進黨的集會，更是具有紛然雜亂的活潑生氣。攤販林立，台灣風味的「黑輪」、烤烏賊在電燈泡下冒著熱氣，政治演講座談的錄影帶被流傳著，舊書、色情錄影帶、仿冒的鐘錶等等，都被銷售著。候選人一出現，不知何故「軍艦進行曲」、「宇宙戰艦歌」等主題曲就響起。

在高雄，「台灣的小白菜」許曉丹獨佔了話題。這位以脫衣舞者而聚集話題、打破模式的候選人，成為解除戒嚴令之後初次自由選舉的象徵。她的行徑雖然稍微離經叛道，但為了傳達當時台灣社會的氣氛，在此還是想要提起她看看。

舞蹈家許曉丹（本名許麗華，當時二十九歲），八八年在台中市的文化中心跳題為《迴旋夢中的女人》的舞劇；在最後的五分鐘，突然全裸。在台灣仍禁止女性以全裸跳舞之際，她接受檢察署的調查。然而，她以「裸體是藝術」作為抗辯。「如果我的舞蹈是色情，那麼為何觀衆在我的舞台上流淚？為什麼，送花給我的，全都是女性呢？」

她堂而皇之地擺開辯論的陣仗。自此以後，她的人氣便扶搖直上地急速上昇。很快地，她以「為了贏得裸體藝術的社會地位」為口號，被提名為立法委員選舉的候選人。出征上陣的那一天，她一控訴道：「自被提名為候選人以來，我一直受到迫害。」聚集的支援者就變得鴨雀無聲。一位女士一捐獻戒指及一位男士一捐獻現金，她就不禁掩面而哭泣起來。在會場的支援者之中，有三成為女性。

她也被來自日本及歐美的媒體追逐著。一被稱呼為「台灣的小白菜」，她就怒不可抑。

「這裡是台灣哪，義大利的小白菜與我有何關係呢？既然來到台灣，那麼請對台灣人客氣一些！」

她鼓足勇氣地大聲吆喝著。她的吵罵是魅力十足的，使包圍的外籍記者趑趄、退縮。她半透明的白色女裝，顯得艷麗嬌媚。

她未被民進黨提名為候選人，由工黨提名為候選人。工黨是為了替勞工紓發不平不滿的政黨，於八七年組成。除了改善勞工的生活之外，並組成並非御用工會而是稱作正式工會的組織。

翌年歲末，雖然誕生了一個名為「勞動黨」的類似政黨，但這個黨是揭櫫社會主義大旗，兩者的性格相當不同。雖是題外話，但在此一提，揭櫫社會主義旗幟的政黨的誕生，自台灣納入國民黨政黨之下以來，仍是頭一遭。此一時期的台灣，形成如此這般自由的氣氛。但是，這個政黨本身並不脫離「邊緣政黨」的領域，也未成為政黨的主流。

高雄為台灣最大的工業都市，製鐵、造船、石油化學等大企業，以及化學纖維、製紙、機械裝配的工廠櫛比鱗次。

許曉丹的支援者，正是這些工廠的勞工。冬天卻不知何故穿著涼鞋、披上夾克的老伯伯們，以大隊人馬完全被吸引之勢聚集在演講會上。漢城奧運會的主題曲，音量被開到最大。從黑暗之中，露出香肩展現風情的許曉丹一出現，鎂光燈就閃個不停。她一散發放大照片，老伯伯們就拼命地爭奪，然後快跑。其中，最受歡迎的仍是裸體照片的放大照片。

「許曉丹，許曉丹！」

「加油！許曉丹！」

「脫！脫！」

亢奮的老伯伯們的聲援、掌聲及口哨淹蓋了她，她笑容滿面地站上講台，以台灣話並稍稍提高聲調演說，充滿了火藥味。

「國民黨政治是金權、特權政治。雖然已經繼續等待了四十年，但我再也無法忍受了。」「台灣雖有七百萬人的勞工，但三七％月收入在一萬元以下。我為了貧窮的人，將堅持到底、固守崗位！」

主張說要爭取裸體藝術的社會地位的許曉丹，在無意之間成為勞工而奔走的候選人。結果，她並未脫衣。翌日早上，拜訪工黨的選舉事務所，位於木材工廠的一角、破舊的臨時事務所裡，助選員有三位，隨處而坐。事務所任其髒亂，令人有微

參選立法委員的
「台灣的小白菜」(89.11)

將國民大會置諸腦後在休息室
談笑的萬年議員(90.2.19)

聚集於民主化運動的聖地
龍山寺的人民(90.5.)

寒的氣氛。似乎，正為了周轉資金而大傷腦筋。

許曉丹一邊在醫院接受點滴注射，一邊在市內四處巡迴，以貧乏的資金奮戰到底地參與選舉戰。雖然聚集了近三萬選票，但落選了。

在選舉中，以「亞洲鐵人」而聞名的羅馬奧運會（一九六〇年）十項全能競技銀牌選手楊傳廣（當時五十六歲）也出馬競選。他由民進黨推出，向台東縣長寶座挑戰。楊氏與「東方羚羊」紀政這位短跑選手並列為傳奇性的運動選手，他是原住民的山胞出身。由於選舉資金無法調度，他賣出被稱之為台灣運動界之寶的銀牌。後來，仍落選了。

熱衷於選舉的，並不僅是在野黨，國民黨也不得不推出人氣旺盛、十分討好的候選人出馬競選，著名的歌手、電視上美麗的女新聞主播、籃球國手等選手們，紛紛被提名為候選人。

民進黨的躍進

選舉最大的高潮，是擁有台灣最多人口的台北縣縣長選舉。台北縣進展為台北市的市郊住宅區，成為一個大都會區，總計人口二百八十九萬人，是台灣最大的行政區域，且超過台北市的二百六十八萬人。然而，在李登輝總統所出生的故鄉，對國民黨而言，是絕對不能敗陣的選舉區。

民進黨的尤清（當時四十七歲），和國民黨的李錫錕（當時四十二歲），形成捉對廝打的局面，報紙上，「超級選區」、「世紀大選戰」等大標題喧騰沸揚起來，但是，結果尤氏得六十二萬六千三百三十三票，李氏得六十二萬二千二百四十八票，以四千票的些微差距，尤氏獲得戲劇性險勝。

對國民黨而言，在這個選舉區的敗戰的衝擊是極大的。因宋美齡事件的功績而昇格為國民黨第二號人物的國民黨秘書長宋楚瑜，一聽到選舉結果，就向李登輝總統提出辭職的要求。但是，這似乎只是形式上的辭職，做做樣子罷了，李登輝仍慰留他。

在地方自治體選舉中，民進黨所提名的候選人獲得台北、高雄縣長等六縣的席位。嘉義市雖由無黨無派的張文英當選，但她也傾近民進黨。因為，前一回仍是非合法政黨的時代，還只能取得一縣的席位，所以這一次便大躍進，大顯神威。國民黨在七個縣、市長選舉也落敗了，這是自國民黨統治台灣以來破天荒第一遭。然而，這七個縣市的人口，佔了台灣總人口的四成，也佔了地方預算的一半。

張俊宏的「從地方包圍中央」戰略，完全地獲得成功，完成建構作為在野黨的基礎的工作。

在立法委員選舉方面，國民黨獲七十二席，民進黨獲二十一席，無黨籍獲八席。前一屆（八六年）由於規定名額為七十三席，因此無法單純地比較，但民進黨的議席由前一屆的十二席增加了九席。而尤其深刻嚴重的問題是得票率方面，國民黨從前一屆的六九·二％銳減為五八·四％。在前一次選舉，第一次打破七〇％，這一次則以恢復七〇％為目標。

李登輝在選舉之後進行了事實上敗北的宣言。十二月六日，於國民黨中央常務委員席上發言：「從本黨的預期目標來說，不得不說是一次挫折、失敗。」「選舉所顯示的結果是，在本黨的執政之下，政府近年來所進行的改革措施，現在仍無法讓民衆的願望得到滿足。」

國民黨一直在實行改革。針對萬年議員引退，訂定自願退職條例，力圖改革國會。然而，人民即使如此仍感到不足。民進黨的張俊宏分析選舉戰說：「國民黨改革的速度趕不上人民的要求。」

國民黨未讓李登輝主席個人的人氣在選舉中提高效果、增加價值。在黨內，雖持續著深刻的反省，但另一方面，保守派的策動也於焉開始。很快地，李登輝體制即面臨最大的危機。

第六章 全島激烈震盪

龜裂

本省籍的李登輝總統，在選舉中嚐受了痛苦的經驗。雖然並非他的政策不受支持，但人民一直在評價李登輝的改革路線。然而，這還不夠，人民認為他無法克服保守派的抵抗。他的人氣，與選舉的結果毫無關聯，仍然居高不下。對於九〇年的總統選舉，有人認為他也將毫無困難地突破難關。但是，一經揭曉，如此就行不通了。

學者出身、基督徒的李登輝總統，也是一個有信念的人。他揭櫫理想，想向著這些目標不斷地前進。然而，有時似乎身旁的人不易看出來。他認為，不必像歷經千錘百鍊的政治家那樣，建立鄉間的樁腳人脈，只要正直地思考便可通行無阻。

舉例來說，九〇年二月，他不顧周圍人士的疑惑，指名李元簇為副總統候選人，因為他認為這是在推展工作上所必要的。很快地，此一人事案件激烈地搖撼了李登輝體制，發展成大事件。

李登輝由於蔣經國的逝世，於八八年一月從副總統晉陞為總統，就某種意義來說，是從天而降的幸運，並非憑一已之力而成為總統。因為所剩的任期距九〇年三月為止僅剩下二年不到的時間，所以為了讓作為總統做出有實績的工作示人，他必須出馬充當總統選舉的候選人，正式地成為總統。

在九〇年初期階段，他已發揮了領導力，也具有個人的人氣。正開始時期雖受集體指導體制所驅使、支配，但閃躲了保守派的攻勢，或是一直在破壞保守派。

然而，不消說也留著其他的有力人士。此一時期，與形成李—李陣線的李煥之間關係冷淡，蔣經國之弟蔣緯國在保守派元老中仍保持其影響力。再者，與李登輝同為本省人的實力者林洋港，則正窺伺情勢，覬覦可乘之機。

蔣緯國在第十三屆黨大會未被選為中央委員，被調回顧問級的中央評議委員。然而，在蔣經國一周年忌日的八九年一月，被《聯合報》揭露其身世之謎。同一報紙，由曾經採訪蔣緯國的女作家孫淡寧引出這個重要的話題。

據孫淡寧說，蔣緯國在襁褓時期被交給蔣介石，作為蔣次子而被扶養成人。她知道其生母為日本人，曾經前去探查，但此時其母親已故，她是一位護士。關於其父親的事情，蔣緯國回答孫淡寧：「我是蔣家的孩子，但並非蔣家的兒子。」

蔣緯國本身之後在演講會中接受有關身世話題的質詢。蔣緯國如此說道：

「一九四〇年，在重慶，我發現自己的父親是被風傳為國民黨元老戴季陶。因為無法詢問父親蔣介石，所以便到戴季陶跟前拜訪。戴季陶交給我一面鏡子及一張蔣介石的照片，回答我說，像哪一個人啊？你自己看仔細！」

蔣介石的孩子的身世秘密被報紙登戴出來，而其本人又在演講會上遭受質問等許多事情，令人無法想像蔣家一族的光榮時代。雖說台灣已變得自由，蔣家王朝崩解了，但這樣的喧騰炒作方式，只能說是偏離常軌。無論如何，蔣緯國已成為人們茶餘飯後的話題。也許，聽到圍繞著父親的流言蜚語是很難堪的吧！想必，他的心情一定是憂悶的。儘管如此，他並未捨棄其野心。

縱然他有一時期表明：「想要成為總統是愚蠢之人的作為。」但是，一到一九八九年秋天，他就開始放話：「如果被推薦作為總統選舉的候選人，那麼就無法拒絕了。」

林洋港和李登輝同為本省人，且在蔣經國之下曾被並稱為「力量的林、人格的李」的對手。他是台灣省南投縣出身，畢業於台灣大學法律系。累積了台灣省政府秘書、國民黨縣黨部主任委員、南投縣長、台灣省建設廳長及以下的一連串經歷，七六年起擔任台北市長、台灣省政府主席。這兩個職務的繼任者都是李登輝，雖年齡上林氏年輕四歲，但資歷上卻反而成為前輩。

八四年，李登輝被任命為副總統時，也出現「為何不是林洋港？」的聲音，可見他是能和李登輝相提並論的人物。「他既具份量又有政治力。」對他的評判，響黨內外。然而，他藉由長久的政治家生活，也建立了堅固的人脈。林洋港略微透露了出馬的意向。

環繞著總統選舉的李煥、蔣緯國、林洋港等人的名字，一一浮出枱面，但話題一說盡了，作為具有現實意願的話題，李登輝、李煥或俞國華，還是更年輕者之類的預測愈來愈強烈。

儘管如此，李登輝打算指名誰為副總統呢？對他的決斷，逐漸地聚集著關注的眼光。是要取得保守派、改革派的均衡，還是考慮本省人、外省人的均衡？各派勢力提心吊膽地注視著他的一舉一動。李登輝提出了意外人選的名字，便是李元簇。這是九〇年二月的事。

李元簇為出生於湖南省的外省人。與李登輝同年出生，但自幼便失怙。苦讀而畢業於中央政治學校，在司法官高考中，以第一名考取，成為法官。在德國波昂大學留學期間，受命照顧蔣經國的次子蔣孝武，與蔣家一族建立了關係，此後即輾轉於政治的世界中。

李登輝以政務委員之姿初出茅蘆到政界時，李元簇正擔任法務部長。由於同為部長級同僚，因此，變得親近。因為此時的因緣，所以八八年被拔擢為總統府秘書長。有人說他是踏實、正直且具能力的實務家，但並無政治力。但是，李登輝還是選擇了他。

「不對李登輝發牢騷，且也無威脅他的野心。」

不僅是保守派，連實力者也一致大怒。有人說，李登輝蔑視我們。軍系出身的國民大會代表有所動作了，開始擁立蔣緯國的聯名簽署活動。至此，指導部分成支持李登輝的宋楚瑜一夥人，以及具批判性的李煥、林洋港、郝柏村一夥人，前者被稱作主流派。從此以後，台灣便以這兩個勢力的對立為軸心而運轉。李—李改革陣線的崩解，在國民黨內部產生極大的裂痕。

二月政權

這個裂痕急速地加深，直到決定總統、副總統的國民黨第十三屆中央委員會臨時全體會議為止，仍持續著水面下緊迫的狀況。十一日，在此次會議上人事案被討論，但非主流派中止依照以往的慣例，根據舉手或起立的表決方式，而要求更換無記名投票。雖表面上是主張「應實行民主的手續」，但目標卻是弄垮李登輝。這是結集批判票，意圖將李登輝從總統候選人的位置上拉下來的目標。

不過，此時宋楚瑜也站起來進行反對的演說：

「有人想要破壞黨的團結，似乎在製造由於無記名投票選舉而應會令人憂慮的狀況。」

他提出用強制性的起立來表決通過人事案。他的行動令人回憶起宋美齡事件，是實際上可與此相匹敵的事態。

結果，會議決定李登輝為總統候選人，李元簇為副總統候選人。然而，這一次的事件變成使具昇天之龍之勢的宋楚瑜成為非主流派的箭靶，在其政治力上產生陰影的結果。

事件之後，雖開始收拾事態的動作，但非主流派的勢力卻是停息不了。一到三月，與黨的決定無關，非主流派發表，推薦林洋港為總統候選人，蔣緯國為副總統候選人。另外，剛因選舉而躍進的國民黨年輕一輩的立法委員趙少康，則公然地批判：「李登輝總統的做法是不民主的。」立法委員李勝峰也批判說：「這二年以來李登輝的獨裁，已造成政局不安。」

趙少康曾是發起「應選出李登輝為代理主席」的聯名簽署運動的人物。他批判李登輝是「獨裁者」的事態，大概誰也無法想像吧！從國民黨內部公然的批判飛散而出，擴及全黨，黨事實上已呈內部分裂（實際上，三年之後趙少康真正地使國民黨分裂）。

選出總統、副總統的是國民大會，其代表為佔壓倒性多數的萬年代表。他們不希望引退而失去既得權益。因此，由於改革派、本省人的李登輝總統，而只得支持保守的外省人蔣緯國。也有人擔憂，一旦有任何一個差錯，李登輝總統就會被政治的風暴颳跑。

儘管如此，李登輝為何不在事前佈置謹慎細心的樁腳人脈呢？為何不指名可以滿足保守派的候選人為副總統，而維持他們的面子呢？

不願意妥協，是他的性格嗎？

如果能讓李登輝自己說，那麼，他一定會說總統由自己選擇工作的搭檔夥伴是理所當然的，且連副總統的人事也無必要佈置樁腳人脈。然而，非主流派及保守派並不這麼認為，以往國民黨每一有重要的人事案，都是先在元老及有力幹部中建立樁腳人脈，獲得周圍人士的接受認可之後才能選出。

「如果不這麼做，那麼國民黨的美譽就要破壞。」

還到大阻礙，形成停滯不前的局面時，元老的調停活動便趨於正式，九日，林洋港終於被說服了，他為何屈就讓步呢？關於此點，衆說紛紜。在此時，對他而言有兩個不安，一是即使暫且成為總統，也有可能對非主流派言聽計從而被利用。

另一個是民意。只在國民大會、國民黨等小團體中奮戰，也許可以獲得暫時性的勝利，然而，如果沒有人民的支持，那就無法生存下去。一旦再更加為難本省人李登輝，則會受人民厭惡，變成如此局面，則同樣也為本省人的自己的政治生命也將變得危險。歷經千錘百鍊的政治家林洋港，具有自信能判斷狀況，且也深知民意的威力。他判斷，他未來並無支持蔣緯國的保守元老集團。

隔天十日，接著他表明失去支柱的蔣緯國已放棄出馬的念頭。

國家安全會議秘書長蔣緯國的辦公室，位於總統府的三樓。以下，根據台灣當地的報紙，兩人有如下的對話：

蔣緯國表明不出馬之後，從三樓的辦公室走向總統的辦公室。一到那裡，李登輝就來會合。李登輝伸出手，一邊握手一邊說：

「很感謝您的決定。」

蔣緯國回答：

「作為黨員、國民，我不過是做理所當然之事而已。」

兩人以和睦愉悅的表情進入總統辦公室，談笑風生。笑聲連在走廊都聽得見。

然而，實際上對李登輝而言這是嚴酷的試煉。翌日是星期日，身為基督徒的李登輝外出參加星期日的禮拜集會，談到大致如下的內容：

「我前些日子因政局趨於複雜化，而致夜晚也無法安睡。然而，剛剛我一心地祈禱，由於神的啟示。而受賜與了自信及力量。」

關於他何等深刻地形容二月政變，由此可以非常明瞭。李登輝好不容易才擺脫國民黨內部的權力鬪爭，然而，並不是至此就劃下黨內權力鬪爭的句點。在國民黨的外部，仍殘留著必須解決的重大問題。

台灣版天安門事件

迎接總統選舉的三月二十一日，台北的中正紀念堂擠滿了二萬名學生。在一向封鎖學生運動的台灣，四十年以來初次發生史上最大的運動。然而，此一時期運動迎接了高潮，紀念堂前的廣場甚至被稱作「台灣的天安門」。是什麼引動了學生呢？

總統選舉稍前，有一份有點怪異的意見廣告被大幅地揭載於台灣的報紙上。在議場中，老人正一邊摳著鼻孔，一邊看書。隣座的老人，則單手拿著拐杖打起盹來。在這樣的照片之下，附加了說明文字：

「我們已忍受四十年了。以後還必須忍受什麼？」

國民大會正開始選舉總統，然而，由於老人佔了壓倒性的多數，因此簡直是一種老人院般的氣氛，暮氣沈沈地。關於萬年議員，訂定自願退職條例，打開讓他們可以引退的道路。然而，因為不具強制力，所以辭職的人很少。如果他們多多少少注意輿論，那麼，也許就會羞愧而無地自容了吧！萬年議員無論到了哪裡都是厚顏無恥，且反過來開始要求擴張權利。

首先，要求增加津貼的數額。國民大會預算審議特別委員會決定，將會議的出席酬勞從五萬二千元新台幣，提高為二十二萬新台幣。再者，提案國民大會的會議由每六年開會一次改為一年一次。如此一來，萬年議員們便可每年領取大幅膨脹的報酬。

如此的要求，雖然過去也每次都提出，但此一時期一搬上枱面，民衆的憤怒就被點燃了。李登輝當然也是拒絕這項要求的吧？不過，如果拒絕了，那麼接著國民大會代表就要生氣了。在總統選舉的前夕，惹得擁有選出總統權限的他們生氣，就不妙了。

「這樣的狀況，即使李登輝姑且被選為總統，在野黨也會有話要說。那個汚點，縱然未反映民意而被國民大會代表選為總統，也無法產生權威。」

接受到輿論的反應，民進黨出頭參與街頭活動。値此之際，有二十多名學生信步地出現於中正紀念堂。有台灣大學、輔仁大學、台北醫學院等七所大學的學生。三月十六日午後五點，他們在中正紀念堂入口附近展開靜坐。

中正紀念堂是為了紀念蔣介石而建造，在台灣是罕見的巨大建築物。白色大理石的牆壁上，安放了藍色的屋瓦，高度為七十公尺，其中有高六•三公尺的巨大蔣介石銅像。紀念堂的廣場，一邊約為二百五十公尺。若就中國大陸來說，它相當於天安門廣場。

十七日的晚報一報導他們的運動，十八日學生的人數即膨脹為二百人。我雖於十七日傍晚進入現場，但此時廣場上名為范雲的女學生正在演說。她是台灣大學社會系四年級學生，也是學生會會長。作為靜坐學生的領導者之一，她乾脆爽快地演說著。圓臉、嬌小，她的感覺和天安門事件的領導者柴玲很相似。記者之間立刻為她取了「台灣的柴玲」綽號。

「台灣的柴玲」的父母為外省人，她是外省人第二代。演說的開頭她說道：

「首先我第一次為父母造成台灣人的困擾而道歉。」

聽到這段發言時，本省人與外省人的隔閡，變成令人黯然的心情，使人不禁懷疑：經過四十年，隔閡應由其子女這一代承繼嗎？

每次訪問台灣時，我都數度被告知：

「對年輕人而言，本省人、外省人的對立等問題已經沒有了，本省人與外省人的通婚一直在進展，現在正轉移到他們孩子這一代身上。」

也許說得沒錯。延續四十年以前的仇恨，要生活下去是非常辛苦的。父母要將自己所有的憎惡原封不動地傳承給子女，並非易事。雖然四十年以來政治體系未有改變，以致本省人的被迫害意識也原封不動地繼續保留下來，但身為外省人第二代的她，為了破壞這個組織制度，首先必須為自己的生存而賠不是。

學生纏上黃色的頭巾，手握著行動電話，相繼地站出來演說，訴求國會改革，要求萬年議員引退。

也有學生演說道：

「國民大會的恬不知恥，是一種國恥。」「老賊該引退！」「解散國民大會，以直接選舉選總統！」

「我的父親是政治犯，還待在監獄裡。雖然，母親哭泣著阻止我，但儘管如此我還是來這裡參與活動。」

廣場入口旁邊，被豎起木板圍牆，參加者陸陸續續地貼出大字報。倣效七八年北京市西單的大字報運動，取名為「民主牆」。「中華人民共和國，並非為了人民而設，而是為了老兵（老共產黨幹部）而設，中華民國則是為了老賊」，或是「建立中華民國的孫文，為何讓老代表四十年都霸佔著位子不走？」寫著此類文字的大字報、漫畫被貼出來。

學生運動一發生，立刻產生「在背後支援的人是誰？」等議論。是民進黨？還是國民黨改革派？或者反過來保守派策動呢？中國人對政治的感覺很敏銳，通常，對政治的風向都傾向於關心其背後操縱的黑手。

范雲於被提名為台灣大學學生會長選舉的候選人之際，打敗國民黨系的候選人而當選。至少，她並非國民黨系。毋寧說，她的男性朋友們都服務於民進黨系的雜誌社，諸如此類的情報流傳著。也有這樣的情況，學生似乎寧可不被懷疑他們與民進黨的關係，開始採取慎重的行動。他們和她之間未連成一線，明確認定不發起共同行動。

十八日，學生組成相當於指揮部的七人小組（政策決定委員會），彙總自己的要求。這些便是：①解散萬年代表久佔其位的國民大會；②召集為了對談台灣的將來的「國是會議」；③廢止「動員勘亂時期臨時條款」；④提出民主改革的時間表等四項。面向現實，直到舉行總統選舉的二十一日為止，確定要靜坐到底。

在此也許稍微解說一下。所謂的國是會議，並不是學生說出來的名詞，而是李登輝與其周邊人士想出來的名詞。集合在野黨政治家中具有學識經驗者、有力的經濟界人士，以討論台灣將來應如何做等為目標。當然，它不超出討論的範圍。本來，議論台灣的將來是相當於國會的立法院，有一些「當局不對」的反面駁斥。然而事實上，立法院正當萬年議員久佔其位之際，連要討論將來的能力也沒有。學生們立刻被這個提案吸引過來。

所謂的「動員勘亂時期臨時條款」，就更加困難了。國共內戰仍持續著的一九四八年，依然留在大陸的國民大會所制定的憲法附帶條款，便是此一條款。

中國大陸處在共產黨的威脅之下，也就是說，目前是非常時期，是必須鎮壓平定共產黨的勘亂時期。因此，應該建立非常時期體制。國民大會固守著這樣的想法，便使正常的憲政體制停止，制定使權限集中於總統的內戰時期政治體制。憲法上所附加的條款是：

「總統不受憲法的拘束，可以提出緊急處分令。」

由於這項條款，總統成為萬能的神。獲得魔法之杖的蔣介石，根據此一條款，實施戒嚴令，且也曾突然使選舉中止。然而，遷至台灣經過四十年的這個時期，任何人都不認為國民黨將平定共產黨。條款毋寧是作為阻礙民主化的牆壁而阻擋其前進。

學生的要求，說是此一時期裝飾報紙的輿論的一部份，使學者的議論聚集而來的力量也不為過。以往，對於可以進行大膽的改革一事，學生們也未想過。事實上，他們的真正心聲是要說：「無論如何，只要讓萬年引退，這樣就可以了。」

當然，李登輝在此後僅僅二年之內，全實現了這四個項目等事，在此一時期是任誰也無法想像的。

此四十年間，國民黨一直全面地壓制學生運動。在解除戒嚴令以來的自由化中，示威抗議確實增加了，但學生的示威抗議尚未正式化。然而，配合著台灣的情勢，國際情勢也正急遽地變化著。從天安門事件到蘇聯、東歐的激變，在持續而激烈的變動中，學生的意識已急速地變化。

舉例來說，「漢城—北京—東柏林—台北」這樣的宣傳廣告出現了。台灣大學二十一歲的學生蘇永耀說明：

「台灣的學生，顯示出擁有與其他國家學生同樣的熱情。」

十八日上午八點，學生一邊唱起「國際歌」，一邊開始活動，繼續採訪的我，萬萬也想不到在台灣聽到「國際歌」。一問學生：「在哪裡學會這樣的歌？」有人就回答說是天安門事件時，在電視上看到北京的學生正在唱歌而學會的。也許是對「奮起吧飢餓，現在正是日子近了」這樣的歌詞感到抗拒吧！此後「國際歌」就不太能聽到了。

午後二點，民進黨開始在廣場的另一角集會。約二萬人聚集起來，爆竹聲響徹雲霄。黃信介主席預言：「一旦保持原狀，無視於學生的要求，恐怕這兒就要變成台灣的天安門廣場了。」

午後三點，姚嘉文前主席及葉菊蘭女士來到學生所在之處提出要求：「希望也讓我們在這裡演說。」學生的總指揮說：「我們和民進黨是不同路的，希望保有自己的自主性。」拒絕這個要求。兩位民進黨的重要人物，接受這個說法，僅用手向學生揮揮便鎩羽而歸。

午後，被派遣至紀念堂的二名年輕男子，開始在大理石的浮雕上用噴漆胡亂塗鴉。「特務相關人士煽動鼓譟學生，意圖製造使警察人馬介入的機會。」這樣的風聲一再擴大，在學生之間緊張地游走。

到了夜晚，雨開始滴滴答答地落下。

十九日上午十點五十分，東海大學、高雄醫學院的九名學生們，以當局未回應四項要求為由，開始絕食抗議。大量的晚報被運入廣場。《自立早報》發表在台北所作的民意調查結果。七五．五%的民眾回答：「國民大會並非人民的代表。」再者，八五．五的民眾回答：「反對國民大會擴張權限」。調查結果，使學生為之振奮起來。

這一天的午後，在台灣的十餘所專科學校一同展開七天的罷課、靜坐。運動終於擴及全島。台灣大學、輔仁大學、師範大學等學校的教授也連繫上了，開始支援運動。從午後一點左右下起雨，學生們開始披上雨衣。雨勢增強，靜坐的學生腳邊逐漸地積水。即使如此，學生的人數未減，還增加了。午後，已達三百人之多。學生將靜坐的場所由廣場的入口移到國家戲劇院的階梯，開始徹夜討論商議。

二十日早上，國民黨的年輕一輩領導者行政院研究發展考核委員會主任委員馬英九，被派遣而來，開始說服學生。馬氏為外省人第二代，畢業台灣大學，於哈佛大學取得法學博士學位，是法律專家。他被稱之為「國民黨先生」那麼英俊的美男子，是一向受國民黨如掌上明珠一般地重視而培育的人才。然而，學生即使聽了他演說也未表現出顯著的反應，一部份學生甚至謾罵起來。因為，經過國民大會期間以來，馬英九被認為接近與李登輝對立的非主流派李煥。

也有學生明白地指摘：

「是李煥叫你來的吧？」

馬氏立刻回返。

全島決起

總統選舉將於翌日來臨的這一天，學生的人數一舉增為近五千人，學生重新組成另一個組織，取代七人小組，根據各大學的代表而建立的「校際會議」，被定為意見決策機關。新指導部寄出在廣場上招待李登輝的信函。要求總統在廣場上直接與學生對談交換意見，同時，命其以公開的形式回應學生的要求。

由於指導部的變更，「國民大會解散之前，應徹底地奮鬪爭取」這樣的過於偏激的意見特別引人注目。

絕食抗議的學生人數，膨脹為四十名。他們大概非常辛苦吧！廣場因學生及參觀靜坐的市民而擠得水泄不通，因為看準這些人潮，攤販們一攤又一攤聚在一起。黑輪、烤香腸、蒜頭的氣味撲鼻而來，從外所見，是一番平和的光景。

這一天，我與國民黨的某位政治家會面。他是本省人也親近於李登輝總統的人物。這位在電視上看到學生運動的男士，不掩飾其複雜的表情：

「國民黨主流派及民進黨已經在枱面下進行對談。國民大會代表要求擴張權限，也許應被修正吧！李登輝總統克服了這個混亂局面，明日二十一日，總統應會被選出，然而，今夜以後，國民黨主流派與非主流派之間的最後一戰將進行。在枱面上，戰略、交涉仍持續之際，即使到了深夜，也必定有電話掛來掛去，怪異的情報互相交換著。」

「我擔心的是學生。他們還不知道政治的恐怖。今天（二十日）的夜裡，在廣場會發生什麼，你最好也注意一下吧！」

正如一直反覆敍述的一樣，台灣的歷史也是血淚的歷史。政治的緊張一向高漲，特務就像復活的亡靈一般地徘徊。例如，這樣的情節被深深記住。

由於學生之故，暴徒毆打成一團，一打起來，就形成捲入市民的流血暴亂。當然，警察人馬出動了。萬一一旦和群衆發生衝突，則不僅是受傷者，也許還會出現死者。民衆與當局、國民黨的對決成為決定性的一刻，國民黨的反李登輝派亦即非主流派、保守派應會指摘李登輝：「對學生運動是不恰當的。」不用說，民進黨也許會因反國民黨而崛起奮力一擊吧！台灣無疑地將陷入大混亂之中。

此一時期，不穩的動向甚至也被傳佈至其他地方。中國大陸警戒防備著台灣的總統選舉的混亂，正在台灣對岸的軍事基地採取一級嚴加戒備體制的報導，被廣為流傳。尤其是傾向於非主流派的《聯合報》，更是一再反覆報導。情報的真偽並不明確，不能被看成由於政治意圖而出現的情報。雖然，這些情報擔任了提高緊張的角色，是不爭的事實。

二十日夜晚，緊接著學生的動向愈來愈怪異，環繞著運動的推進方法、學生的絕食抗議等問題，各學校代表的意見發生糾紛，一直無法收拾。然而，學生們被分為強硬論及慎重論，無法作出結論。

尤其是以什麼樣的形式使運動結束？要擁有何種程度的成果才行？也無法獲得共通的見解，他們反覆地討論著無法知道何時將終盡的議題。紀念堂廣場的外面萬籟俱寂，只有街燈照得通亮，這反而顯得有一點令人生懼。

二十一日，早上天亮之後，暴徒沒有前來。上午六時半，行政院長李煥被派遣至此處。學生及新聞記者包圍著他，質疑其與非主流派的關係。李煥正如已經說過的一樣，作為反李登輝的非主流派的旗幟，塗得非常鮮明。他說：「關於政治色彩的話題，我很困擾。」他也沒有演說就歸返，僅僅待了六分鐘。

上午八點，李登輝正在距離紀念堂不到五百公尺總統府辦公室。代替學生來拜訪的台灣大學賀德芬教授坐在其眼前。李登輝由教授口中聽取學生的理由之後，傳達她說將在午後三點之後見學生。總統終於開始有所動作了。

不久之後的上午九點，在台北郊外的中山樓開始總統選舉的投票。在七百十五位代表之中，有六百六十八人投票，六百四十一人投票給李登輝，以得票率九五‧九五的壓倒性多數的支持，決定李登輝為總統。

聽到消息的李登輝，立即召開國民黨中央常務委員會，提案在六月底之前舉行國是會議。在會議上，他同時也指摘應協議憲政體制、政治革新、統一問題。

中正紀念堂的學生，到了上午十一點便彙總、發表摘要性的聲明。①李登輝總統應接見學生代表，同意四項要求。②關於舉行國是會議，應提案有效的方法——等等。學生強調：「李登輝總統如果明確地同意學生的要求，那麽便停止靜坐。」同一時刻，學生將命名為「民主的野百合」的飾物運入廣場。高達七公尺。學生說明道：「這是爲了對抗天安門事件的民主女神像而製作的。」

午後二點半起，李登輝正在總統府等待學生來臨。然而，到了約定的三點，學生仍未前來。決定要接見學生代表，但卻白費工夫。學生內部的間隙露骨地顯示於外。學生後來辯解道：「來自外部的學生有一些擾亂的動作。」關於詳細的內容，則閉口不談。

結果，五十名學生代表於晚上七點五十分抵達總統府。李登輝總統已等待了五小時。然而，一看到學生的身影，這位曾為台灣大學助教的指導者，顯露笑容。他一一和學生握手，問他們身體沒問題吧？接著，便展開學生與總統的會談。

身為外籍記者的我，不能進入總統府。然而，此次會談的情形，被電視轉播了。已變完全黑暗的紀念堂廣場，被設置了巨大的銀幕。將此次情形放映出來。畫面上的李登輝總統說道：

「你們說應立即解散國民大會，但各位請考慮清楚看看。總統有這樣的權限嗎？」「沒有吧？」

從學生之中，回答說「有」的答案回應著他。李登輝總統瞬間呆住一陣才開口。他的表情被完全映現在銀幕上。學生繼續說：

「您可以讓大法官會議解釋吧？」

大法官會議具有進行憲法的解釋及法律的統一解釋的權限。學生說，只要重新進行解釋憲法，判斷國民大會為違法機構即可。

但是，若談到手續上的問題，則總統是不可以使憲法解釋恣意地變更的，因為，即使暫且作出了這樣的解釋，在國民大中終究必須遵循修正憲法的手續，不得任意地改變，所以，學生的理由有一點勉強。

李登輝回答說：

「在目前的階段，除了革命之外別無他法。總統並非獨裁者，且我們也沒有軍政府。修正憲法之後，就可以勉勉強強地解散國會。截至目前為止，誰也沒有這樣的權限。」

我雖與廣場學生一起觀看銀幕上的影像，但在此次結尾時，學生的氣氛改變了，處於緊張廣場學生的面容，急速地改變成平靜祥和，任誰都應會認為：「啊，就此結束了。」

對來自學生的駁斥，被反駁的李登輝呆滯的表情，以台灣及國民黨的指導而言，看起來似乎顯得人非常地善良。這是不同於曾為教授大學生的大學教員的面容，比起任何的雄辯演說，更能抓住學生的心。

李登輝總統評價了學生的熱情，並約定要推進改革。不過，他也說：「憲政改革並不是今天說，明天就可以完成的事情。它需要時間。」之後，學生不知是否要接受了這個說法了呢？學生說要將這個說法帶回廣場，檢討一番。

晚上九點二十分，學生歸去之後，李登輝一個人在官邸吃著晚餐。

運動終結

與總統會見的學生回到廣場，從二十一日深夜到二十二日黎明，進行最後的議論。各大學分別對談之後，代表的學生聚集起來，作出結論。以二十二對一票，決定將運動結束。二十二日上午七點，學生舉行終結第一次抗爭行動的宣言。

「關於李登輝總統的會見，雖有不滿，但可以接受。我們所提出的四項要求，在這數日之內，將成為全國同胞的基本認識。作一項民主啟蒙運動，已獲得初步的勝利。」

學生蒐集來自市民的捐款，並創立「野百合基金會」，決定使捐款在今後的運

在台北的中正紀念堂靜坐的學生（90.3.21）

訴求台灣獨立，示威遊行的人民（91.5）

動上發揮作用，也說明「是否有真正地實施改革，今後將密切監視，一旦有問題則再靜坐。」

上午一過八點，太陽開始強烈地照射著。這已是數日以來眩目的陽光了。學生脫去防備夜晚著涼而穿著的運動夾克，都未顯現出疲累的樣子，開始蒐集垃圾，收拾睡袋。

在這種運動中，最困難的，應是順利地彙總意見，使其歸結出完整的意見吧！學生愈是增加，意見的統一愈是困難，逐漸地分裂下去，台灣的學生運動，在這層意義上倒有一個理想的結尾。雖李登輝總統也有其因應之道。但也許畢竟還是非得提及學生的自制心不可吧！如果相較於千辛萬苦才有悲劇性結尾的天安門事件，那就可以一目瞭然。我本身一面取材這兩個學生運動，一面一直繼續思考這件事。

在天安門事件方面，施行戒嚴令之後，對學生很同情的趙紫陽書記一確定失勢，北京的學生就開始考慮如何使運動終結。但是，來自地方的學生又重新聚集而來。他們尚未想到今後的問題，即使說明北京的狀況，也無法體會。

為何不瞭解呢？這是因為，即使在運動最終的局面，也沒有報導的自由，無法傳達正確的情報，也由於學生聽得一些皮毛、一知半解的說法是沒有確實根據的，主張自己的說法而不讓步妥協所致。例如，應該再持續運動，如此一來便可打開活路，辭去的話，參加者就會被肅清。如果討論，那麼無論如何有氣勢的剛烈聲音便成為中心。的確，指導部的學生即使原封不動地撤退，也無法消除被逮捕、被馬虎草率地處刑等恐懼感。

結果，北京一部份的學生領導，辭去總指揮的職務，呼籲學生撤退，但沒有效果。事件由於人民解放軍的鎮壓，以致招來流血等悽慘的結果。

台灣的學生也感受到不安。然而，並非類似於中國大陸的學生所感受到的恐懼感。幾乎所有的學生都說：「無論怎麼樣，政府都沒有用軍隊鎮壓的理由。」他們觀察當局的因應，尤其是解除戒嚴令的態度，擁有某種安心感。集會、靜坐之後，當局並無被逮捕或被處刑之事，遵守其諾言。

運動將達高潮時，新聞局長邵玉銘一被記者問及：「沒有以暴力鎮壓嗎？」就哼了一聲用鼻尖笑笑地說：「沒有做這樣的事情的理由。比較北京的天安門事件及台灣的學生運動一事本身，就是對政府及學生的侮辱。」

學生仍然可以根據報紙確實地瞭解國民黨及當局意圖如何因應，也可以知道自己的行動將如何被社會看待。因此，幾乎所有的學生都未喪失理性，可以說服過激的學生。

台灣的學生運動，將社會成熟度把中國大陸遠遠地拉開一事，在此時清楚地公諸於世。台灣平日就自傲於在經濟力方面遙遙領先中國大陸，一直以自己愈來愈富庶為傲。然而，應該自傲的事情，毋寧說應是顯現於運動的，學生、市民及當局能採取自制的因應之策吧！台灣已經可以說是令人安心的地方，可以放心而行動，它正逐漸成為具有真正意義上的自由。

高達數百人的年輕人，一邊發出吆喝聲，一邊清掃廣場，一邊沈浸於這樣的勝利感及解放感，一邊綻開沾滿汗水的笑容。笑聲在所到之處迸裂，響徹晴空。

黨魁會談

李登輝總統說過：「在目前的階段，要解散國民大會，除了革命之外別無他法。」他雖然事先言明，但仍使此事實現。說過：「沒有所謂的李登輝的政策之類的東西」，強調繼承蔣經國路線的李登輝，似乎終於打出自己獨自的政策牌。

正式就任總統的李登輝，首先與民進黨的黃信介主席會談。學生結束靜坐的十一日之後，四月二日午後他邀請黃信介主席及張俊宏秘書長至總統府，舉辦了茶會。

李登輝總統說道：

「我國今後一定必須沿著民主、自由的大道前進。以往，由於伴隨著客觀的環境而產生各種制約，因此，無論任何改革都不得不考慮社會的安定及前後的狀況。」

他說，自己是因蔣經國的逝世而就任總統，為此，即使要實行改革也有一些限制。不過，這一次因為是根據選舉而成為總統，所以如此宣言：將決心實行正式的改革。

接著他又說：

「目前正是政黨政治成熟的時期，今後希望由於各黨的自由競爭及相互作用，能奠定國家恆久平安的基礎。」

在台灣，國民黨一黨支配的時期結束了——他也同時宣佈。針對這些宣言，黃信介回應說：

「如果能圓滿地疏通意見，那麼，社會的和諧及團結應該就會更加進展吧！」

台灣長久期間持續著由國民黨一黨獨裁的局面。不，正確地說。也有「青年黨」、「民社黨」等政黨。這兩個政權，是在大陸誕生的。國民黨排除其他政黨的反對，通過「中華民國憲法」之際，為了支持國民黨，它們的存在被許可了。國民黨遷移至台灣之後，雖作為政黨仍生存下來，但幾乎沒有實際運作情況，一直被當作裝飾品看待。

因此，即使在中國共產黨訴求國家統一時，它們也沒有能與國民黨對談的道理。但是，中國大陸一直在呼籲「第三次國共合作」。然而，李登輝與在野黨黨魁會談，且確認將推進多黨政治的此一瞬間，第三次國共合作的可能性，事實上已消失了。今後即使姑且可以合作，除了共產黨與台灣在野黨合作的形式，或是大陸與台灣的組合以外，其他形式都是不可能的。

席上，黃信介傳達了贊成成為話題焦點的國是會議的意見，強調說：

「民進黨卓越地完成責任，且將傾盡全力達到使國是會議成功的目標。」

李登輝說：

「這一次的國是會議，性質及客觀的環境都和以往的會議不同，可以說是中國史上的第一次會議。」

「連蔣經國也無法召開的會議，我召開了……」李登輝的話令人感到如此的自負。會談之後，同席的張俊宏也在記者會上這麼說。

「這的確是歷史性的國是會議。顯示舊時代結束了，新時代將開始。民進黨對於李總統踏出這一步給予極高的評價。」

如此一來，對於召集「國是會議」，李登輝充滿了強烈的意願，此事將他很有可能踏出蔣經國路線一事，清楚地呈顯於內外。

不過，儘管如此仍然留下疑問。所謂的國是會議，究竟是什麼呢？這一點就不得而知了。事實上，縱然是李登輝，也應不明瞭才是。甚至在此一時期，他都還是繼續著摸索的狀態。

在台灣，以往政策首先是在蔣經國的腦海中決定，然後向國民黨的最高權力機構的中央常務委員會諮詢這項決定，使指示具體化。因此，內容一決定了，被交到立法院，被合法化。萬年議員久佔其位的立法院，雖沒落為不過僅有通過這些指示的機能的傀儡機構，但即使如此，只有手續程序上仍是「民主的」。

李登輝有意今後開始召集的國是會議，集合了朝野兩黨的代表、知識份子、經濟界人士等各界代表，希望決定台灣進展的方向。若以日本來說，則也許可以說是大型的諮詢委員吧！和取決於有權者而被選出的國會不同，在這個「歷史性的」會議所決定的事項，具體上應如何使其政策化呢？而和相當於國會的立法院之間的均衡，又要如何調整呢？也許李登輝總統已有意圖忽視立法院吧？

在經常環繞著國是會議的議論不斷地持續著當中，五月二十日，在國父紀念館舉行了總統就任儀式。就任為第八任總統的李登輝，以大步快速地走上講台，向著孫文的肖像畫宣誓。在高高地提起右手宣誓之間，指尖完全伸開且豎直，途中，腳跟浮起二次之多，看起來顯得的確是第一次。

這一天的總統就職演說，成為具衝擊性的演說。他說：

「在最短的期間以內，希望能進行終止動員勘亂時期的宣佈。」

學生所要求的終止動員勘亂時期，如此一來便在公共場合被確認了。所謂的動員勘亂時期，是指宣言由台灣方面單方地使與中國大陸之間的「內戰狀態」終止，結束防備內戰的非常時期體制，恢復本來的政治體制，使台灣的政治體制改革正式化而言。關於國會及地方制度，也闡述將於二年以內實現改革的目標。

再者，演說中說中國大陸若認可：①推進民主政治及自由經濟。②放棄在台灣海峽使用武力。③在一個中國的原則下，不妨礙台灣發展對外關係。——等等前提，則「希望以對等的地位，建立對話的管道。」

簡單地說，就變成如此：

「台灣已經終止將與共產黨的內戰、戰爭作為前提的非常時期體制，恢復為普通的民主政體。對中國共產黨的諸位，已停止將你們視為叛亂團體。如果認同這一點，也將我們置於對等的立場來看待的話，那麼，會面對話也就不成問題了。」

所謂的不將中國共產黨看作叛亂團體，擺在對等的立場，是怎麼一回事？在理論上，國民黨是事實上已承認中共政府。如此一來，國民黨不是必須將一直已認定的「唯有自己才是代表全中國的唯一正統的政權」的招牌卸下來嗎？

這一點，即使對中國大陸而言，也是令人驚訝的，翌日二十一日，透過國營通

在總統就職儀式上宣誓的李登輝總統（90.5.20）（台灣行政院新聞局）

信社立刻提出反駁：「拿出不可能實現的前提條件」、「推進一國兩府，是在製造兩個中國。」

台灣事實上已承諾中共政權的存在。儘管如此，為何中共政權會勃然大怒呢？他們在李登輝總統的發言中，嗅到台灣獨立的氣息。中國大陸認為，李登輝據說正在創造不可能「台灣獨立」的「獨立的台灣」。

中國大陸不承認台灣為對等的存在。因為，唯有中國共產黨才是代表包含台灣的中國的唯一政權，台灣不過是其一部份而已。這個只是一部份的政權，以往一直主張「自己才是正統的政權」，且爭辯與中國大陸兩者何者為正統的政權，至少，一直在同樣的競技場上你爭我奪。這番演說，不是突然退下競技場嗎？

二天之後，接著是李登輝總統反駁了。與國內外記者團會見時他說：「為了所有中國人的幸福，他們（中國大陸方面）應該改進想法。」

「中共如果放棄一黨獨裁，那麼國民黨就會立刻回到大陸。」他說，應該改正的錯誤是在中國大陸一方。天安門事件的翌年，推展民主化，使自由選舉實現的李登輝總統，正充滿著信心。

說要使動員勘亂時期「在最短期間以內終止」的李登輝總統，在此日的記者會上說：「在一年以內宣佈終止。」連日程表都決定了。還有，重新確認廢止萬年議員等等，在二年以內完成民主改革。並且，又如此附加一句：

「一旦自己任滿六年任期，則希望能引退。」

軍人內閣

李登輝總統於就任儀式之日，發出總統令實施共計二十七人的特赦。因美麗島事件而被逮捕的九人，則因「將原判決視為無效」的特別特赦而被釋放，黃信介、張俊宏被恢復公民權，許信良則被釋放。另外，對因台灣獨立運動而被問罪的政治犯十一人，也實施一般特赦（免除執行刑罰）。

完成就任總統儀式的李登輝，解任行政院長李煥，推出能鞏固自己這一夥體制的人馬，出面進行佈置人脈。李煥院長在環繞著總統選舉的混亂之中，轉回非主流派亦即反李登輝政營。李登輝突破這個難關的此刻，他的命運幾乎走到盡頭。到了四月，雖出現要求李煥留任的聲音，立法委員展開聯名簽署的行動，但毋寧說李登輝總統仍懷有反感吧！

李登輝總統指名國防部長郝柏村為行政院長，郝柏村身為軍人而成長，並無軍人以外的履歷。

郝柏村為一九一九年出生於中國江蘇省的外省人，雖自曾祖父一代，即有地主、讀書人的家世，但自幼雙親亡故。受到滿州事變的衝擊，選擇軍人之路。在陸軍軍官學校十二期砲科、陸軍大學二十期、三軍聯合參謀大學、美國陸軍參謀大學等校學習。五八年，擔任陸軍第九師團長守備小金門島，在中國人民解放軍的猛烈攻擊戰中，前往前線巡視士兵的情況，一躍成名。

自此以後，歷任陸軍第一團司令、國防部作戰參謀次長、參謀總長等職，成為陸軍一級上級，據說，他唱歌只唱「抗戰時期的歌曲（軍歌）」，是徹頭徹尾、道道地地的軍人。

蔣經國的晚年以來，台灣一直著實地推展自由化、民主化。儘管如此，軍人竟成為行政院長。這個人事案一被發表，島內流竄著驚訝之聲。「民主在後退」等批判交相傳播，民進黨進行了示威抗議。

郝柏村過去的言行舉止成為問題的焦點，他重複強調民主憲政的重要性，而在另一方面，對於街頭運動及大衆路線的反對，也公然而毫無顧忌地表現出來，打出「以有秩序的憲政為理想」的口號。這給予依賴街頭運動的民進黨等在野黨刺激。

李登輝知道這樣的事情之後，仍選擇了郝柏村。理由是「治安對策」，基於治安的考慮而採取的對策。正如已經提及的一樣，此一時期的台灣，治安正極度地惡化。為了恢復因自由化而緩步的社會規範，李氏有了雖是軍人但若有能力就不成問題這種想法。

當然，並不僅如此，蔣經國總統逝世，李登輝就任總統之際，當時為參謀總長且已掌握軍方的郝柏村，最早表明對李登輝的支持。當時，兩人似乎不惡。

然而，李登輝總統在黨大會中正式地被選為國民黨主席，以及軍人相繼從中央委員的位子被拉下來，對這些大為憤怒的郝柏村，又轉向非主流派。李登輝總統也許實際感受到轉向以軍人為敵的做法的恐怖吧！為了安撫軍方，與非主流派取得協議，都指名郝柏村為行政院長才可。

軍人郝柏村所率領的內閣，於六月一日展開運作。曾在民意調查中獲得超過七〇%支持的李煥院長，瞬間退位。僅僅一年餘的任期，在台灣成為最短的內閣。李煥最後留下了既可解釋為諷刺又可解釋為反駁的「台詞」，離開行政院的舞台。

「自就任以來，雖已十一個月餘，但在民意調查中受到許多來自國民的支持，甚感安慰。」

國是會議

六月二十一日，台灣召開司法院大法官會議，進行憲法的解釋及法律的統一解釋的機構，是由司法院長（當時為林洋港）及十五位大法官構成。

被立法院要求憲法解釋的大法官會議，此日進行憲法解釋：

「民意代表（國會議員）的定期改選，是反映民意、貫徹民主憲政的道路。」會中決定，讓在大陸選出的萬年議員（國代、立委）的職權於九一年十二月三十一日之前終止。以司法解釋的形式，對政治改革推波助瀾。之後，只要遵循解釋導入實行此一決定即可。

李登輝總統召開的稱作中國史上初次的國是會議，是在這個決定不久之後的六月二十八日在台北圓山大飯店開幕。參加者為政黨相關人士、國會議員、學術、經濟、宗教等各界代表一百四十人。民進黨由黃信介、張俊宏、許信良等人參加，國民黨則包括主流派尤其是本省籍的多數有力幹部。

我在會場上見到許信良。這位由被國民黨矚望的人物倒向民進黨的男士，滿腹感慨地說：「國民黨及民進黨如此公開地對談，可以取得協議嗎？台灣真正地進入新的時代了啊！」

李登輝總統在開頭致詞闡述：「關於憲法的相關規定，應透視將來的必要修正。」出席會議者也同樣說，希望以改變憲法等前提進行議論。

在此次演說中，他也揭櫫①健全憲政體制，②尋求國家統一，作為兩大目標。之後，並闡述：「關於會議的結論，應遵循法定手續，使其政策化，並徹底地執行。」

之後，他繞行會場，一一與出席者握手。在黃信介主席面前露出滿面笑容。黃信介主席也似乎很欣喜地笑著說：「我們彼此都不要客氣了。」

黃信介話一說出，李登輝就回答：「是啊！」

由於糾紛，自然地草草率率在中途就退席者持續出現，會議變成不具形式——這是被擔心的問題。因為，在民進黨之中，有像姚嘉文前主席那樣傾近過激的新潮流派的人。事實上，開幕式不久的預備會議之際，甚至出現「是要通過會議的結論或不通過」的聲音。然而，主張表決的民進黨，即使事實上提案被拒絕了，也未退席。因為，黃信介主席堅決地主張：「即使如此也要繼續參加。」

有力人士齊聚一堂的大型會議，獨佔了整個台灣的話題，由於新聞記者也能自由地進入會場，因此，內容被逐一報導。在沒有正式的國會的台灣，第一次可以擁有認真正經的協商。在會議期間中，原本就相當於國會的立法院，委員們全都出席去了，保持空盪盪的狀態。

議題為①國會改革；②地方制度；③中央政府的體制；④修改憲法；⑤大陸政

策及兩岸關係。

關於第一項議題，結論是「萬年議員應儘可能地早日引退」，取得一致的意見。關於第二項議題，在以選舉選出一向為任命制的台灣省主席、台北市長、高雄市長上，以及使地方自治制度法制化上達成共識。至此，蔣經國所遺留的政治改革，也就是「解除戒嚴令、設立在野黨、改革國會、地方自治法制化」，全都完成了。

在第三項議題，總統選舉的修正成為話題中心。幾乎所有的代表，都要將一向由國民大會選出改爲根據台灣人民的直接選舉來選出。然而，關於選出方法則被分為①人民的直接投票；②經由選舉人團體的委任投票。無論如何，在選舉權移交給民選方面，達成一致的意見。

這給予台灣人民莫大的衝擊。台灣人民一旦能由自己選出總統，則這不就並非「中華民國總統」而是「台灣總統」了嗎?這不是等於台灣宣言獨立嗎?

然而，接近李登輝總統的國民黨主流派（改革派），與民進黨的穩健派在背後進行協議，終於歸結出「取決於台灣全體居民的總統選舉」等共識。佔壓倒性多數的出席者，以鼓掌同意此一協議。雙方約定不表決，但事實上卻甚至通過了議案。有一部份學者抗議國民黨及民進黨這樣的小動作，雖然以自己被置於會議之外為由暗示了退席之意，但要改變大多數人是不可能的。

國民黨主流派與民進黨之所以取得共識，是因為在「以台灣人民的利益為優先」的想法上一致。他們雙方全都以本省人為主體。只要改變看法，則國是會議就不能不說是取決於本省人的平靜政變。

第四項議題，也就是關於憲法，在宣佈終止內戰狀態，修正應該因應此一狀態的憲法方面，完成協議。

正因為本省人的聲音強烈的形勢，第五議題的大陸政策變得慎重。統一議論和緩下來，雖然學術、文化、運動等等都推展互相交流，但關於經濟、貿易，則以「平穩地推展」的意見佔大多數。

「政治交流的時機尚未成熟」之類的意見佔大多數，藉由「應該以二千萬台灣人民的福祉為前提」，使意見一致。

閉幕式之後，李登輝再度繞行會場一周，一一與出席者握手。民進黨年輕一代受期許的立法委員謝長廷，以台語問：「您贊成總統的直接選舉嗎？」李登輝也同樣台語回答：「無論如何都無所忌憚，一定要實現。」對只會說國語的外省人而言，也許不瞭解是怎麼一回事吧！以這一句話，就可以清楚地知道，李登輝總統腦海中所描繪的新台灣是如何情形了。

李登輝總統藉著集合在台灣出生的本省人及外省人第二代，讓他們議論，以推敲台灣人民的意見，根據這些意見去改造台灣。這已超越了蔣經國所思考的台灣改革的領域。由於本省人亦即台灣人，事實上的革命已向著實現方向轉動運行。才向學生說過「目前的階段除了革命以外別無他法」之後僅僅三個月餘，總統就將舊體制引導至新體制。

李登輝對在此次會議獲得同意的事項，不久便使它們完全實現。

內戰終結

九一年四月。國民大會的臨時大會在台北市郊外的陽明山展開。大會上，決定修正憲法、解散萬年代表久佔其位的國民大會，成為重大的議題。由於已在大法官會議作過憲法解釋，因此在判斷萬年代表違憲之際，方向已確定了。

然而，民進黨因增額選舉而被選出的年輕代表，從一開頭便大怒：「在未接受過取決於台灣人民的選舉洗禮這一點上，就不具修正憲法的資格。」據說，他們與國民黨的年輕增額代表互相毆打，把對方摔扔出去，或推撞倒地，形成可怕的氣氛。在會場之外，救護車經常有五輛在待命。

盤據後面座位的老代表們，以複雜的表情觀望這些鬧劇。他們平均七十五・七歲，八十歲以上有二百三十人，九十歲以上有十六人，是一個超高齡者集團。僅是坐著就疲累不堪，很不舒服，不斷有人出來打點滴。每次都陷於護士四處奔走好不忙碌的窘境。

這種異樣的場面，透過美國的電視被放映至世界各地。人們紛紛好奇地探詢：「國會議員為何只有老人呢？」「所謂的萬年代表究竟是怎麼一回事？」

終身代表之一，九十二歲的許曉初，看過會場的慘狀，對我說：「自遷至台灣以來，因為無法大陸舉行選舉，所以即使有意改選也沒有辦法。一旦遵守憲法的規定，則必會變成如此的結果，但我們全都上了年紀，最好還是引退。」

李登輝總統受到剛好也正訪問台灣的美國婦女團體的質問：「究竟為什為會變成如此的情形？」

總統說明道：「由於在野黨與執政黨的議席相差懸殊，因此便藉由身體表達反對的意見。這是一種過渡時期的現象。」

在亂象被傳遞至世界各地的時期，其實此次平靜的革命在迎接大致落幕的時期。

二十二日，同次臨時大會以憲法的附帶條款，決議、通過廢止將中國共產黨規定為叛亂團體的「動員勘亂時期臨時條款」。根據各項條款的廢止，台灣事實上已在法律上劃下國共內戰體制的休止符。大會同時追加了憲法的增補修正條文。四十年間未曾舉行全面改選的最高權力機構，決定解散第一屆國民大會，至此，萬年代表全員引退。在手續上，國民大會的代表們，藉由自己的手拉下非改選國會的幕。

此日，國民大會的萬年代表並列於會場陽明山中山樓的前庭，進行紀念照片的攝影。雖濕氣有點高，雲層低垂，但老人們彼此平靜地祝賀著退職之日，也顯露出笑容。

憲政改革

九一年四月三十日，李登輝總統在總統府會見中外記者，這成為總括其政策的紀念碑。

總統開頭便闡述：「以凌晨零時為準，宣佈結束動員勘亂時期。這是憲政改革的第一步。」並同時說明：「在動員勘亂時期終結之際，重新宣言我們不將武力成為國家統一的手段，希望大陸當局顯示出誠意，表明具體的回答。」

至此，內戰體制終止了。另外他又說：

「在大陸當局表示善意的回答前，有必要等待。無論十年也好，二十年也好，都要等待才好。」

這一段話，也暗示了，在統一上需要時間。台灣這一方能期待的回答，也許不是當面的，而是間接的——台灣對諸如此類的現狀有所認識，同時，也不忘該剎車時適可而止。

「在大陸當局顯示出明確且負責的態度之前，國防部門應加強警戒。」

如果中國共產黨不是叛亂團體，那麼現在的中國大陸又是什麼，總統說道：

「大陸地區正受中共的支配，這是我們應予正視的事實。」

「今後將中共視為支配大陸地區的『政治實體』，且稱作『大陸當局』或『中共當局』。不過，除非大陸當局放棄使用武力的方針，停止讓我們在國際上孤立化，否則仍會將其視為具有敵意的政治實體。」

此一部份有補充說明。

會見稍早，國家統一委員會幕僚小組正進行重新為中國定義的工作。這個提案，附帶了觀察中國大陸方面的反應之後再提出的前提，基於五個階段的構想，將中國大陸定義為①叛亂團體；②交戰團體；③共產當局或者北京當局；④中共政權或是北京政權；⑤政府。也就是說，李登輝總統以此日的宣言，使對中國大陸的五階段評價晉進了二階段。

總統又說：「最重要的是，實現政治民主化。」

宣佈終止動員勘亂時期，目的不在於調整與中國大陸的，而是真正地以自己的島內改革為目標，以及揭露真正的民意心聲。並且，總括因為解除戒嚴令此日的宣言所面臨的變化。

「我們藉由解除戒嚴令等手段，謀求政治的民主化。修正憲法，是使其根據政治民主化，謀求政治的安定化。」

也就是說，蔣經國所實行的解除戒嚴令，在此一時期是以增加政治方面自由的領域的「自由化」為中心，而我則是行使體制本身產生變化的「民主化」。關於李登輝，終於向中外宣言蔣經國的政策與自己的政策不同之處。

最後，他闡述：「憲政改革並非革命，必須遵循憲法的規定才行。更重要的是，政治的民主化的實現。憲法若不能符合民衆的要求，則民主化便無法實現。憲法的修正應遵從民意。」

在改變台灣上打出「不革命」口號的總統，在僅僅一年的此一時期，開始言明：「憲政改革並非革命。」這是意識到因民進黨而起的街頭示威遊行的激烈化，且雖然大膽的改革是必要的，但希望避免混亂這樣的心情湧出。

這一天夜裡，結束寫稿之後，我走上台北街頭。飯店旁邊的台北車站，修改工程已結束，在變得明亮的站內，也設置了大型的銀幕。會見記者的李登輝總統的身影，被放映出來，銀幕前聚集了人群，大概是上班族或學生吧！

八七年七月解除戒嚴令的夜晚，街道是平靜的。經過將近四年的這一天，街道與平日並無不同，被日常生活的聲音所包圍。然而，人民對於民主化的關心明顯地增高了。大型銀幕之前的通勤客，屏氣凝神地聆聽李登輝的演說。

進入連接書店街的工商業區，找到當地有人告訴我的餐廳，品嚐了稱之為名產的牛肉麵。周圍的客人，一邊顏上籠罩著從碗裡冒起的熱氣，一邊默默地動著筷子。店內的收音機，仍不斷地播放著李登輝的演說。

稍微向南走，來到以風化街而知名的華西街。中年男子在嘴邊綁上小型麥克風，一邊列舉說明，一邊剝下蛇皮，取出蛇膽。旁邊的小巷子裡，賣春的妓女戶並列著，在紅色燈光的那一方，有女性的身影在晃動。

龍山寺是位於此條道路旁邊的佛寺。曾是非合法時代在野黨民進黨，頻繁地召開集會的地方，且也曾被稱作民主運動的麥加聖地。

呆呆地站在寺前，一眺望來往的人車，就被當地老人招呼過去。老人以日語說：「我叫鄭三發，六十七歲。」

「你知道嗎？蔣介石是殺人者啊。不是我一個人在說，大家都這麼說哦，從大陸來的外來政府那一夥人，每個人都將金子攬到自己的懷裡！將國庫中飽私囊。」

「可是，現在這麽說也沒啥要緊了。以前一這樣說，就會被判死刑。」

最初，我以為老人喝醉了，然而，他的腳步仍很穩健。白色半袖的襯衫任其到處沾著污垢，細細的手部及頸部，則是發黑的。也許是正在焚香吧，從他身體散發出一股強烈的香氣。

「李登輝，他很好喲。因為，他為我們達成夢想嘛。日本人大概也為我們高興吧。喂，你說是不是？」「民主化？咱們是……咱們是，一直生外省人的氣，在憤怒中活著。只是如此而已。」

鄭先生如此說。他們所謂的民主化，也許是消除對於外省人的怨恨吧？我一邊思考這樣的問題，一回到經常住宿的飯店。已經凌晨一點了，服務生微微一笑地迎接著我。「看了電視嗎？此刻，動員勘亂時期終止了，每個人都在為談論著民主化，為其騷動呢。真是非常熱烈啊。你也快快地把報導寄回日本吧。將台灣產生如此的迴響、形成熱烈的效應的情形，傳達出去吧！」解除戒嚴令的夜晚，人民不太顯露出關心。然而，此刻他們的內心確實發生了變化。只要從八樓房間看外面，飯店前面的忠孝西路，雖說是深夜但卻因車子的燈而亮晃晃的。

開向高雄的數輛長途巴士並列著，響著喧囂的喇叭聲。旁邊，慶賀這一天的民衆，開始鳴放爆竹。點燃要放上天空的煙火，橘色的煙火在空中拉出一條粗線。

第七章 從過去到未來

殉教者

民主化、自由化一有進展，台灣人民就開始思考台灣的將來。雖然議論是理所當然的，但與中國大陸的關係成為焦點。很快地，台灣獨立論強勢地抬頭，逐漸地與中國統一論互相衝突，產生矛盾。

我第一次見到台灣獨立運動的傳奇性鬪士黃華，是在八九年十一月晚上八點，在台北市榮星花園所召開的參與總統選舉演說會的會場。

「這個人是有名的黃華先生。」為我介紹的一位身體虛弱、溫順和善的壯年男子。黃華以若無其事的模樣說：

「因為從事組成新黨運動等緣故而被逮捕，三次共計二十二年間是待在監獄裡。」

他莞爾一笑，只有眼睛在演說會場的黑暗中發光。

從六〇年代起要求台灣獨立，建立「全國青年團促進會」，以雜誌《台灣政論》副總編輯的身份，擺開反對當局辯論的陣仗，因叛亂罪而從六三年至六六年，六七年至七五年，以及最後七六年至八七年，三度入獄服刑。出獄之後仍擔任「新國家運動本部」的總幹事。花費從八八年一月至十二月的時間，一面作訴求台灣獨立的演講，一面巡迴島內。

他們一被說是獨立運動家，就說台灣是有別於中國大陸的國家。

由來自中國大陸的移民所建立的台灣，在被大陸切割分離出來的狀況中，台灣一直在製作身份證明，尋求認同感。在中國人這個概念之外，產生出「台灣人」這樣的概念。目前，只是名為國民黨的外來政權暫時地支配它，掛上名為「中華民國」的招牌而已。他們雖然主張唯有自己才是代表中國的政權。但幾乎沒有國家承認這樣的主張，因此，應該以「台灣共和國」這個名義宣言獨立。

黃華於九〇年春天的總統選舉，以民進黨候選人之姿，表明獨自提名為總統候選人，甚至遊說民眾選他。同年十一月三日，由於內亂罪，在台中市被逮捕。這是第四次的被捕。同一天，在台灣高等法院立刻舉行聽憑法官處理的留置訊問。

「名字？」

「台灣共和國萬歲。」

「……。出生年月日？」

「台灣共和國萬歲。」
「住所？」
「台灣共和國萬歲。」
「本籍？」
「台灣共和國萬歲。」
「職業？」
「台灣共和國萬歲。」
「做了什麼事？」
「台灣共和國萬歲。」

黃華回想到在之後所經過的三十分鐘時間，只是反覆「台灣共和國」。此年的十二月八日，雖在同一法官接受徒刑十年的實刑判刑，入獄服刑，但九二年五月十八日被釋放。因為動員勘亂的非常時期體制終止了，內亂罪（刑法第一百條）被修正了。由於法律的修正，內亂罪的構成要件被限定為「暴力」、「脅迫」，「陰謀犯」也被刪除了。換言之，如果僅是有台灣獨立的「陰謀」，而無「暴力」、「脅迫」的行為，那麼就不會被問罪，並伴隨著保護言論及思想的自由的法律。黃華在法律修正的同時也成為釋放犯第一號。

獨立運動

葉菊蘭的丈夫因呼籲台灣獨立的焚身自殺事件而亡故，前面已經介紹過了。其夫人目前仍將丈夫燒死的房屋原封不動地保留下來。如果你受邀探視其中，那麼便可在烏黑的燒焦痕跡，完全照原樣留著的房間，看到裝飾著鄭南榕的遺像。

八九年，繼承丈夫的遺志，訴求「新國家建設」，在立法委員選舉中被提名為候選人。與當時十歲的女兒鄭竹梅母女二人纏著頭巾，分發傳單，似乎刺激了對感性的話很脆弱、容易動情的台灣人的淚腺，以五萬九千票當選。

出生於台灣苗栗縣銅鑼鎮，輔仁大學法律系畢業之後，歷經高中教師，進入台灣最大的廣告公司「聯廣」服務，身為同一公司的女性，成為第一位經理，是台灣版的未婚在職婦女典型。其清新脫俗的選舉運動，也是這些經歷所賜與。

提到她，有數度環繞著「獨立問題」而議論：

「目前，在世界上有哪一個人知道R・O・C（中華民國）這個名稱呢？誰也不知道不是嗎？但是，如果說到「MADE IN TAIWAN」，那每一個人都會立刻瞭解。比起中華民國，台灣更為名氣響亮。以中華民國之名，任何地方的國際機構都不給我們進去。」

「即使說自己是中國的代表什麼的，誰都不會把我們看成對手，這是理所當然的吧。最好還是立刻將國名改為台灣。」

「台灣是台灣人民的土地，應該成為名為台灣共和國的獨立國家，申請加盟聯合國。」

——但是，一旦宣言台灣獨立，則中國會宣稱將使用武力，太過危險了。而且，說要宣言獨立，究竟哪一個國家會給予支援呢？

「你說過於危險，那麼，如果沈默那就不危險了嗎？一旦什麼都不做，則也許反而會被統一。請看看香港，居民因為什麼也不做，所以被統一，居民現在一邊說著不滿，一邊又逃到海外。」

——台灣的人民也許會支持台灣共和國吧！

「在各種民意調查上，五年前有三—五％支持台灣獨立。三年前為七．八％，二年前為十五％，最近則正接近二〇％。」

總覺得我懷疑的態度似乎在每次見面時觸怒了她。她每次都以稍帶激昂亢奮的樣子，激烈地主張獨立。她也許可以稱之為又一個獨立運動的殉教者吧！

主張「台灣獨立」，是自日本統治時代起的運動。然而，成為決定性時期的，是自因二二八事件而起的本省人與外省人的對立以來的時期。由於國民黨外省人而引起的虐殺本省人，刺激了他們的台灣人意識，奠定了獨立運動的基礎。當局不消說會徹底地壓制向國民黨挑戰的危險思想。為此，運動於六〇年代、七〇年代一直是受到過激的「殉教者」的支持。

舉例而言，六二年發生了「台灣獨立聯盟」事件，金門島守備軍少尉施明德等一夥人被逮捕。施氏雖於七七年被釋放，但因七九年美麗島事件再度被逮捕。六四年九月，台灣大學教授，以航空法的世界性權威而知名的彭明敏，因叛亂罪嫌被警備總司令部逮捕。彭明敏因以「台灣自救運動聯盟」為名，印刷「台灣獨立宣言」的小冊子而被逮捕。

彭氏雖被宣判徒刑八年，但因特赦而被釋放。之後雖都被置於特務監視之下，但七〇年經由香港前往瑞典，後來流亡於美國。自此以後，便被稱作「獨立運動之父」等等。九二年，回到台灣。

八六年組成的民進黨，從組黨當時起，內部便擁有獨立意向極強的勢力。為此，黨綱上寫入「台灣的前途，應該聽憑全台灣人民的共同決定。」這被稱作「獨立論」，將民進黨的性格更加清楚地呈現出來，成為骨架般的東西。

以八七年的解除戒嚴令為契機，將獨立論視為禁忌的看法減少了。民進黨穩健派雖徹底地要求以國會改革為中心的民主化，但過激的新潮流系以排除此一原則的形式，認為應該將「獨立」視為黨的基本態度，開始猛烈的運動。尤其是在八九年年底的自由選舉，公然地主張獨立的團體出現了，一得到好成績，運動就更起勁。九一年五月，主張台灣獨立的團體，建立了名為「台灣獨立建國聯盟」的團體，在台北市初次掛起獨立旗幟，進行示威遊行。街頭行動活潑化了，面臨大規模的示威的舉行，國民黨也嚴厲地阻擋。

「統一、獨立的爭議，絕對沒有好處。休戰吧，請竭盡力量於國家建設吧！」同一年的六月三日，行政院長郝柏村在記者會上如此闡述。軍人出身的院長，愈是必須公開提到「休戰」之類的名詞，愈是使爭議帶有深刻的色彩。對郝院長的發言，李總統也贊成：「關於休戰的方式，可以集合專家及學者，建立特別委員會，來加以商議。」這種發言，也許是稍稍奮勇的步伐。因為，因此而在台灣一向被非合法地對待的「獨立運動」的存在，逐漸變成被認知的形式。

蘇聯共產黨瓦解了，蘇維埃聯邦本身解體，波羅的海三小國也獨立了，加盟聯合國。民進黨的運動員也敏銳地感知時代的變化。九一年十月十三日，民進黨在台北市內召開的大會上，通過載明建立「台灣共和國」的黨綱。這是被稱為所謂的台灣獨立的決議條款。

這項條款在黨內引發議論，特別是以穩健派的黃信介主席為代表的美麗島系，更是強硬地反對。然而，結果以列入「以實現公民投票為目標」這樣的內容，而通過決議。以此日為準，民進黨成為揭櫫台灣獨立旗幟的政黨。

在此次黨大會上，黃信介退出主席職位。新主席的選舉，美麗島所推出的許信良與新潮流系所推出的施明德捉對廝打，許信良僅以一百八十票對一百六十二票的些微差距當選為第五任主席。然而，中央常務委員方面，相對於美麗島系的四人，新潮流系有五人，再者從更加過激的台灣獨立聯盟加入一人。美麗島系即使加上中立派一人，也將淪為少數派。

國家統一綱領

國民黨和民進黨相反，是以揭櫫中國統一的旗幟為黨的基本方針。雖然，任何地方都沒有令人感到懷疑是否為真正民意心聲的事情。

舉例而言，李登輝總統曾在與美國的學者、專家代表團會見時，如此說道：

「三不政策是為了對抗中共的統一戰線工作最有效的武器。我們首先必須培養國力，使其雄厚才行，因此而能初次掌握住良機展開行動。」（八八年六月七日）

也就是說，在國力變得雄厚之前，連與中共接觸的心思都沒有。然而，到了九一年二月。總統的諮詢機關國家統一委員會（主任委員為李登輝總統），通過以兩岸統一為最終目標的「國家統一綱領」。這項綱領，成為在新體制之下大陸政策的支柱。綱領為擬定短期的、中期的、長期的目標，階段性地推進統一的三階段的統一論。

來具體地看看吧。在短期上是在交流互惠的階段、擴大民間交流，而到達中期的階段，便進入互相信賴及互助合作的階段。在此一時期，建立對等、公式的對談的管道，進行直接通郵、通航、通商。也就是說，將中共方面所要求的三通（通郵、通航、通商），直到此一中期階段為止束諸高閣，成為懸案。最後，長期上是進入協商統一階段。於是，兩岸雙方應做的是：

「設立統一協商機構，根據雙方人民的意志，奠定民主、自由、均富的中國。」

在這個諮詢委員會之初，突然冒出「台灣海峽的非戰鬥地域化、非武裝化」、「設置統一實驗區」等相當大膽的提案，但結果對無可挑剔的內容暫有歸結。

不過，仍有問題，那就是不瞭解，究竟要變成什麼樣的狀況就可由「短期的階段」進展到「長期的階段」？也許，事先便使這個部份的定義曖昧不明，因此，「是不是要延長移轉至中期階段的時間」的看法便出現了。

統獨對決

對中政策對台灣而言是賭注存亡、攸關生死的重大政策。這是因為，不知中共方面何時會挑起軍事攻擊向台灣尋釁。中國大陸則早先便一直強調：一旦台灣變成如下的狀況，則便有可能行使武力。

亦即，▽宣言獨立；▽受到外國勢力的介入；▽擁有核子武器；▽台灣內部的情勢極度地混亂——等狀況時，便可使用武力。雖然也曾有「與蘇聯聯手」一項，但自蘇聯與中共的關係正常化之後，此項便自動瓦解了。

中共專心一意強調的是「獨立宣言」及「外國的介入」，鄧小平所透露的「台灣態度不明及受限於美國和日本」的談話，是很有名的。

台灣的新聞記者及有力國會議員，每次訪問中國大陸都會質問中共當局：「沒有宣言放棄武力的念頭嗎？」然而，中共方面的反應就和以印章蓋章如出一轍，每次都將同樣的台詞照本宣科一番。

「不能說不行使武力。」

中共本身為了經濟成長而將平和的環境視為必要的，且尋求來自台灣的投資。

然而，唯有獨立運動是不能容許的。如果放任台灣去獨立，那麽悲壯的祖國統一的夢想及心願就會破滅。不，不僅如此。擁有西藏等少數民族的地域的中國大陸本身，有可能遭受分裂的危機所侵襲。即使賭注國家的存亡，也會有考量獨立運動一旦潰敗則將如何的狀況產生。

九一年十二月二十一日，舉行了台灣的第二屆國民大會代表選舉。在大陸所選出的萬年代表全部引退之際，是反映台灣人民聲音的第一次選舉。選舉很奇異地形成訴求「獨立」的民進黨與揭櫫「統一」的國民黨的「獨立」與「統一」的對決。

但是，國民黨在「統一綱領」之中統一地表示慎重的看法之際，其真正想法卻是以「維持現狀」為要點，在選舉中則是訴求「革新、安定、繁榮」。

結果，國民黨以得票率提高為七一・七%獲得壓倒性的勝利，民進黨則停滯於獲得二三・九四%的得票率。在總議席四百零三席之中，國民黨得三百一十八席，民進黨得七十五席。國民大會雖是具有修改憲法及選出總統的權限機關，但在修改憲法上，需有代表的四分之三的同意。在此次選舉，國民黨的總議席比率超過七八・九一%，可以單獨進行修改憲法。

許信良主席在選舉後堅持己見而說：「今天的結果，與台灣獨立運動無關。」但是，很明顯地獨立論是受人民厭惡的。人民選擇了在安定環境之中的民主化。與其期望統一，毋寧要求「維持現狀」。這個選舉，可以說使台灣的進展方向變得相當明確。

舉例而言，根據九三年六月的民意調查（行政院大陸委員會），人民所要求的既非統一也非獨立，而是維持現狀，說得詳細一點，作出「讓民間交流持續下去，在條件成熟時，應初次進行統一交涉」的回答達到七成。在統一、獨立的爭議之餘，也許可以說維持現狀成為台灣人民的共識吧！

「揭櫫獨立論旗幟的，不能成為永久的執政黨。」一邊反覆強調此一主張，一邊在獨立派的勢力抬頭之中辭去主席職位的黃信介，在選舉之後嘆氣地說：「民進黨過度急於實現台灣獨立，在主張建國上，時期是過早了。」

進出大陸

台灣經濟一直是由中小企業所支撐著。優秀的本省籍人才，認為與其進入由外省人所支配的公營企業，毋寧選擇自己創建公司的道路。當然，他們的獨立心很旺盛，也有無論如何都希望獨立起來，成為經營者的情況。在中國，將經營者稱作老闆。藉助他們的力量，台灣創造了空前的繁榮。同時，一般人都說：「一丟石子就丟到老闆」或「如果遇個十個台灣人，那麼就有七個老闆」等等。

我認識的一位紡織公司董事長，已經超過七十歲了卻還是豪邁爽快且精力充沛，是台灣老闆的典型人物。他從赤手空拳僅憑自己一人的才識及努力，使公司不斷地發展。雖是本省人，但喜歡浙江菜，有數度一起吃飯。他雖是一個不會胡亂冒出喪氣話的人，但有一次在吃飯的歸途中，他在車中不停地說：

「還好吧？工作這麼忙碌，也不要說辛苦哦。無論如何努力，也不能不說怎麼也毫無辦法的事是辛苦的哪。」

前面已提及了，薪資的上昇變得更加激烈。八七年的製造業，每一人的年收入為十八萬四千元，但九一年變成二十九萬五千元（根據行政院主計處的調查）。在南部的某家企業，甚至突然冒出獎金五十個月的言論。由於自由化，人民的聲音變強了，對於工廠所釋出的噪音及污染的批判也增強了，在環境保護上，也需要高額的資金。

「台灣的企業，若保持原狀則恐怕會失去競爭力。一旦變成如此，那只有將工廠遷移至海外了。」

許多老闆都這麼認為，雖對東南亞的投資急速地增加，但若要談到他們真正的想法，則是希望進出更為有利的對岸的大陸這個投資環境。

老董事長的煩惱也在這一點上：

「的確，中國大陸的薪資便宜，而且，在公害問題上也沒有麻煩，比起台灣，規定是寬鬆多了。然而，對方突然改變政策，或惹得他們不快時，有誰會為我們維護權益呢？」

雖然抱持著不安，他們這些老闆還是賭注了生計，急速地增加對大陸的投資，看看是否能保住企業命脈。九二年，只因中共方面的許可，便創下了六千四百件、五十五億美元的投資案，比前一年成長三倍的紀錄。即使和八九年的四億美元相比，也是異常的成長。

對於「台塑事件」，只要觀察這樣的狀況，似乎便可以說是發生了應該發生的事件。

台塑事件

九〇年四月九日，台灣塑膠集團（簡稱台塑）的王永慶董事長，發表了將在大陸福建省廈門進行七十億美元的投資，建設石化聯合企業。中共方面歡迎這項投資，建立了「海滄台商投資區」，向台塑傳達將投資五十億美元於基本設施的整備上之意。

石化聯合企業是為了生產乙烯的第六輕油裂解工廠。這項投資不僅是實行的「台塑」而已，連相關產業也一同遷移至大陸。因此，台灣的產業很有可能愈來愈空洞。台灣當局不消說也猛然地批判王永慶。

王永慶董事長是一九一七年出生於台灣台北縣新店的本省人。家庭貧困，畢業於嘉義商工專科學校之後，雖曾從事白米生意，但獨自設了台塑，且使其成長為台灣最大的企業集團，是甚至被稱作「經營之神」、「台灣版松下幸之助」，也是勵志傳記中經常出現的人物。他被認為是急躁、頑固且無與倫比的努力家。一實際見到他看看，雖然看不見這種急躁個性，但他凝視對方的眼光很銳利，讓人窺知其意志的堅強。

他也數度召開記者，闡揚自己的想法，或是在報紙等媒體上發表，若摘要其論點旨意，則大意如下：

完成台灣奇蹟般的經濟發展的，是因爲以轉包為主體的加工業使用頗廉價的勞動力，持續不斷地生產。然而，最近由於經營環境的變化，這些業者的經營便惡化了。

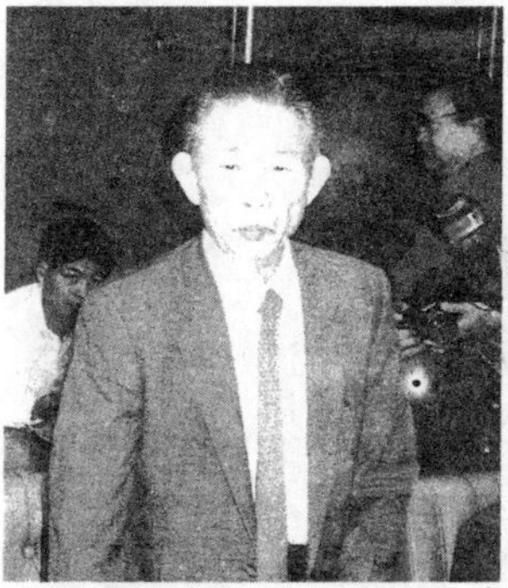

台塑董事長發表退出廈門「海滄計劃」(90.6)

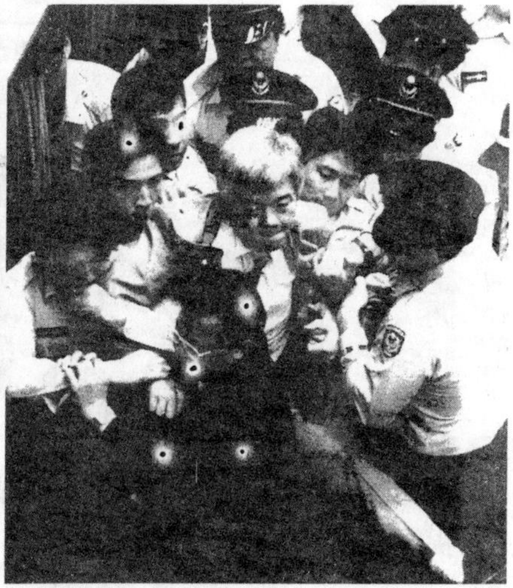

互毆的朝野兩黨議員(91.4.12)(WWP)

贊成廢止動員勘亂時期，起立的代表(91.4.22)(WWP)

舉例來說，一時位居得意巔峰的製鞋、製傘業，相繼關門歇業，甚至出現連夜逃脫的業者。製鞋業從全盛時期的一千四百家，減少為七百家。紡織業則面臨幾乎無法生存下去的慘狀。

這是因為，薪資過度地上昇，勞資關係也變得困難，另外，台幣升值，競爭力降低所致。台灣的每月平均薪資大致上為一千三百美元，日本為二千美元，美國則為台灣的二倍，達二千六百美元。在三十年以前，只要一召募一百名作業員，就會有三千人來應徵，但現在只有二、三十人來應徵。另一方面，東南亞的薪資為台灣的十分之一，中國大陸為二十分之一。加工業者逐漸地流向海外。

總而言之，在台灣科學技術產業未有成長。台灣依然依存於加工業產業。要防止業者的外流，投資環境的整備乃是當務之急。

大陸的薪資很便宜，再者，若設置工廠則並不是說全無可能培養大陸自由經濟的思潮，促使政情邁向民主化。由於石油化學工業移轉至大陸，而取得收益而歸的結果，便可將根留在台灣。

雖是閒話，但在此得提一提。我記得在當時大大賣座的美國電影之中，有一部名叫《致命的吸引力》的作品，在電影裡，有一個鏡頭是主角所帶的摺疊傘無法順利地打開，便嘟噥著：「這一定是台灣製的。」如此一來，台灣的摺疊傘便在世界上一舉成名。這樣的主要產業、身為台灣經濟奇蹟的主角的中小企業，也受到嚴重打擊，而奄奄一息。

然而，李登輝總統也好，郝柏村院長也好，自此以後對大陸政策都鄭重其事。如此保持原狀，使基幹產業流向大陸，就很有可能被馬虎草率地當作人質。這麼一想，當局就不顧一切地開始著手說服王氏，讓他放棄設廠的念頭，王永慶直到最後都不掩飾其複雜的表情。

六年計畫

李登輝總統在九一年四月的記者會上，提及中國統一問題，也以這樣的事件作為話題：

「中共正觀察著收回香港之後的情勢。香港目前的每人平均所得為一萬二千美元，大陸為三百美元，要如何去處置這兩個差距如此大的地域呢？讓我看看大陸的本事、能耐吧！」

他說，中共收回香港的時間是九七年七月一日。資本主義的香港，以此日為準將回歸社會主義的中共懷抱。那時候中國大陸將如何改變？之後將如何統治香港？讓我們看著吧！統一問題今後將暫緩下來，不用著急。

那麼，台灣在這段時間應如何做呢？他說，將推展邁入先進國之林的計畫。台灣的指導部於九一年年初，策定了賭注未來夢想的壯大計畫，也就是「國家建設六年計畫」。在當初的發表會中他說，自九一年七月起的六年期間，將投下號稱總額八兆二千三百八十二億元的巨額費用。

具體上，是推進台灣版「新幹線」計畫（台北、高雄之間的高速鐵路）、南部橫貫高速道路、台北及高雄的都市高速交通系統、淡水河淨化計畫等大型公共事業、環境整備，以及將每人GNP從約八千美元（九一年）提高至一萬四千美元，完成進入先進國之林的目標的構想。

台灣與日本同樣因對美貿易出超數額龐大，被迫擴大國內需求，所以也有希望一舉解決總是無法進展的基本設施的整備的念頭。並且，比起做任何事，進入先進國行列一事，更能作為拉開與中國大陸的差距的決定性關鍵，所以也希望從中國大陸的向心力使經濟自由化。

當名為社會主義市場經濟，但事實上卻打出資本主義牌的中國大陸，藉由經濟完成急速成長的目標之際，甚至出現了其在二十一世紀將成為世界第一的經濟力量之類的預測。如此一直原地踏步，就產生了台灣經濟將被中國大陸吞沒的不安。

雖很奇異，但完成計畫（預定）的九七年是香港將被歸還中共之手的一年。台灣禁止與中國大陸的直接交流，一直持續著經由香港的間接交流。一到九七年，就自動地被強迫直接交流。雖然有人已經將大陸、香港及台灣併稱為中華經濟圈，但這樣的經濟關係，也許會愈來愈強烈吧！

台灣是否能維持經濟的主體性，也直接關係到台灣本身的未來。

一到九三年，行政當局就開始主張推進「加盟聯合國」計畫。李登輝總統也於四月演說道：

「我們正積極地從事參加聯合國，今後的三年以內，希望這個問題在國際上受到廣泛的重視，也被認真地列入考慮。」

台灣曾以「漢賊不兩立」作為外交的原則。也就是說，只要中共仍待在聯合國，則台灣就不進入聯合國，與中共締結國交的國家，就不與其建立外交關係。然而，自進入李登輝體制以來，便逐漸地打出被稱作「彈性外交」、「實質外交」的新外交政策牌。

其要點是，①即使是對於與中共有國交的國家，也不斷積極地尋求建立外交關係。②在此之際，不要求對象國與中共斷交。——也就是說，放棄漢賊不兩立的原則，認可雙重承認。

在這樣的動作的延續上，有加入聯合國運動。儘管如此，順風並未吹來，進行得不順利。相反地，舉例而言，在南韓與中共樹立國交（九二年八月），台灣與南韓斷交的時候，台灣擁有外交關係的國家為二十九國，在沒有外交關係的五十五個國家設置事務處，加入七百七十三個非政府之間的國際組織，實質外交極限，也開始可以看到。反而在九三年年底，中共擁有外交關係的國家達到一百五十四個。

正在使民主化完成的台灣，接著非得突破不可的藩籬，應該是「先進國化」及「國際化」吧！姑且不論先進國化的問題，在以國際化為目標時，台灣終究必須重新認定中共這個存在，然而中共是不易對付的。

新加坡會談

中共與台灣之間人民的來往，自八七年開放大陸探親以來急增，九一年達到九十四萬人。貿易上，八七年的來往（不過是經由香港的間接貿易），為十五億一千萬美元，但是，九一年為五十七億九千萬美元，九二年為七十四億美元（香港政府的調查）。然而，正如前述，台灣及中共一次也未舉行公開的會談。當然，隨著交流的增加，不斷地演變成無法避免會談的狀況。

拒絕與中共作公開接觸的台灣，於九〇年十一月設立「海峽交流基金會」，作為兩岸民間交流的窗口機關，中共方面接受這個做法，於同年十二月設立相當於對等機關的「海峽兩岸關係協會」。然而，兩個機關完成在新加坡的初次民間高峰會談，是近二年半的九三年四月二十七日。中共由海峽兩岸關係協會會長汪道涵、台灣則由海峽交流基金會理事長辜振甫前往參加。

台灣方面的目標，在於保護進出大陸的企業，但是，台灣企業非常不受優待禮遇，企業相繼地流向大陸，也很傷腦筋。相反地，中共爲使直航實現，踏出直接交流的腳步，並且更進一步地籠絡台灣企業，希望使統一工作進展得更有利。

無論如何，由於此次會談，中共及台灣好不容易可以創造一個對談協商的場所。踏出與兩岸交流的新步伐的同時，對台灣而言，從正面與中共這個巨大的存在交流，變成要承擔起新的重擔。

最能玩味這種重擔的沈重的，應是在台灣方面推進高峰會談的前置準備的海峽交流基金會秘書長邱進益吧！邱進益九三年四月在北京弄妥了新加坡會談的程序，使兩岸意見一致就搭乘行經香港的中國民航CA109踏上歸途，但坐在商務艙中他取出名為《周恩來的外交藝術》的書本，專心一意地閱讀起來。

「因為，重新發現到開創中國大陸外交的人，是周恩來。而且，只要與中共交涉談判之後一讀此書，就非常瞭解了。他們的做法，正是以周恩來的方式去處置。」

「雖然不能說出具體的內容，但他們無論如何是完全在做一些細微的小動作。對於對手的所有每一項動作、發言，都有意見，刻意地找碴、尋釁。真正是富於技巧。和我一向在西方社會所經歷的外交事務全然不同。」

後來，邱進益秘書長如此說道。邱進益畢業於政治大學外交系、外交研究所，在外交的發源地歐洲擔任外交官，累積豐富的經歷。連邱進益都對與中國大陸進行外交感到心情沈重。

然而，等待著邱秘書長的，是以在野黨民進黨為中心，主張獨立的團體的非難之聲。

「與中共對話，豈不是意圖賣掉台灣嗎？」

新加坡會談結束之後，為對各界各階層、媒體的說明而忙煞了，最後終於疲累至極，表明辭意，而被慰留。他一旦被問及：「因為應付島內的反對運動而疲累嗎？還是因為與中共的外交策略而疲累呢？」便立即以強烈的聲音回答：

「兩者都是。」

由於民主化，人民的聲音一旦增強，通常便必須取得他們的理解。在另一方面，一直是驅使可稱作古典的中國方式的外交術。台灣與中共正面相對時，非得以民主化的意識變高的人民，以及覆罩大陸的古老而強大的權力這兩者為對象不可。剛剛開始的對話的重擔，正是在於這裡。

與過去訣別

台灣的民主化。在另一方面也變成促使這個社會與所擁有的過去訣別的關鍵。九二年的二月二十二日，行政院發表了「二二八事件報告書」，將四七年發生事件以來即成為禁忌的大量虐殺本省人的全貌攤在陽光底下。報告書指摘，事件當時的行政長官陳儀（之後以和共產黨通敵為由被處刑）應負責任，推定死者人數：「不是一萬八千人，而是二萬八千人。」並公佈完成確認的三百四十五人的姓名。

同年五月二十七日，剛剛誕生的第二屆國民大會臨時大會，通過憲法修正案。根據這項決議，決定總統、副總統的任期由六年改為四年，自下一屆總統選舉起移轉為民選。不過，關於選出方法，要選擇由人民直接投票的「公民直選」，以及類似於由選舉人團體投票的美國總統選舉兩者的哪一個，意見無法趨於一致。

還有，臨時大會也使根據憲法修正而來的地方自治法治化更為明確。

七月，曾經逮捕黃信介一夥人的警備總司令部被廢止了，取而代之的軍管區司令部兼海岸巡防司令部被設立。當關於國家安全會議也出現要求重估這個機構的聲音之際，可以說特務機關已開始向著解體之路運轉。

以同年十一月七日凌晨零時為準，在金門、馬祖地區，臨時戒嚴令被解除了。在這些緊貼中國大陸般的浮島，曾經作為國共內戰的最前線，激烈的砲火交相飛舞的地方，即使八七年解除了戒嚴令，唯獨這些地方被排除之解嚴的對象之外，而施行臨時戒嚴令。由於此次的解除戒嚴令，兩地區開始了地方自治。

此年，台灣每一年的GNP突破一萬美元大關（九三年二月行政院主計處所發表，詳細數字為一萬零二百一十五美元）。

九二年年底，接受萬年立法委員的引退，舉行第二屆立法委員選舉。

在前一年的國民黨大會選舉中大敗的民進黨，大大地轉換戰術，克制「獨立」的主張，更換成「一個中國」亦即反對中國統一這個穩健的主張，結果，形成與國民黨同樣訴求維持現狀的局面。將福利及稅金等等作為政策，在民生問題上苦心思索重點，呼籲打倒郝柏村的軍人內閣。

民進黨在此次選舉的一百六十一議席之中，奪得五十議席，達成大躍進的目標。從前一次十八議席一舉獲得三倍的議席，得票率也創下三一%的記錄。以往都超過四分之三議席的國民黨，則停留於九十六議席。由於這項結果，台灣邁入了二大政黨時代。

由於選舉，台灣誕生了完全嶄新的中央議會。這是人民為了選人民而設的議會。在相當於日本國會的立法院、國民大會、監察院之中，國民大會應全面改選的無用論、廢止論被避而不談。監察委員則被更換為任命制，不用選舉。新生的立法院的存在價值，更進一步地增高了。

九三年一月十八日，隨著第二屆立法委員的選出，在大陸被選出的立法委員全員退職。被稱作萬年議員的他們，任期最終達到四十五年、九十會期。

在此一時期，蔣經國會經打出的四項民主化口號，也就是解除戒嚴令、解禁在野黨的設立，國會全面改選、地方自治法制化，全都實現了。

郝柏村辭職

選舉之後，國民黨的非主流派攻擊李登輝的指導部。尤其是俞國華、李煥等曾為行政院長但現失勢的人士，像復活的亡靈一般地徘徊著，完全將恨意傾洩出來。他們的箭頭，避免直接指向李登輝，集中於秘書長宋楚瑜。俞國華因宋美齡事件，李煥則因二月政變而對宋楚瑜懷有被親信出賣的心結，便以選舉實際上敗北為藉口，要求宋氏辭職。

然而，即使如此李登輝一夥主流派人士仍扭轉了整個情勢，附和著民進黨強烈批判郝柏村的動作，轉向攻擊郝柏村，終於逼迫他辭職。在立法院的朝野兩黨的委員已經以本省人佔多數之際，外省人最後的一位重量級人物郝柏村，是愈來愈孤立了。

郝柏村曾經回答說：

「我是中國人，也是台灣人。」（美國《新聞週刊》雜誌，九一年十二月）

不同於說過「我是台灣人」的蔣經國，他仍拘泥於自己是中國人一事。不過，九二年十二月，他接受各主要報紙總編輯的訪問，回答說：

「我今年七十三歲。從住在台灣起已經四十四年了。我認為，說愛台灣一事和說愛中華民國一事是同一件事。今天，在這塊土地上，外省人、本省人是沒有區別的，希望每一個人都有命運共同體的理念。」

然而，之後他發出不平說：

「我的孩子在台灣出生，但卻被稱作外省人，受到差別待遇。這不是很殘酷嗎？」

因為，繼任的院長，指名由台灣省主席連戰。連戰雖在西安出生，但只因為父親是本省人，卻被視為出生於大陸但本省人，相較於此，我的孩子……。

郝氏直到最後仍拘泥於外省人、本省人的界限、藩籬，終於超越不了這個限制。在他的心底，身為來自大陸的中國人的自尊，也許是他並承認這一點吧！但是，有甚於此的是，本省人並不接受他。

台灣如果實行民主化，則結果就會變成使佔了全體人民八六%的本省人的利益為優先考慮。政策自不待言，在人事上本省人的意向也強烈地運作著，具有重要的力量。這樣的本省人的統治趨於正式化的現象，被稱作「中華民國的台灣化」，成為象徵這個島嶼變質了的名詞。

台灣的難處在於，若愈是如此做去推進民主化，則台灣化就愈有所進展，結果，愈來愈脫離中國。或者，大概是成為自立的存在一事吧。即使不說要尋求獨立，結果仍傾向於這一邊。其結果，不僅加深了外省人的疏離感，而且也一定給予將目標指向統一的中共嚴重的衝擊。

李登輝所指名的連戰，為台灣台南出身。祖父是以《台灣通史》而廣為人知的歷史學家連橫（連雅堂），父親是曾任內政部長的連震東，母親則是大陸瀋陽出身。由於父親工作的關係，一九三六年在西安出生，但戰後回到台灣，與李登輝同樣畢業於台灣大學。二十九歲就取得芝加哥大學政治學博士學位，僅三十二歲就成為台灣大學客座教授。

他與李登輝是在同為台大教員同事時認識，自當時起，便彼此互訪家庭，持續著包括家人在內的家族性交往。歷任駐薩爾瓦多大使、交通部長、外交部長，九〇年就任為台灣省主席。作為本省籍的中堅份子，似乎可以說極為出色的經歷。還有，其妻子為前中國小姐連方瑀女士。

若從客觀上看，郝柏村任行政院長時代的治安恢復了，環境問題也逐漸地改善了。其行政手腕，受到相當高的評價。儘管如此，他仍被扯後腿。郝柏村在成為最後決定性局面的國民大會臨時會上，兩拳揮向空中，高呼「中華民國萬歲」、「消滅台灣獨立」，一邊受到民進黨代表的責罵之聲，一面辭職，咀嚼著懊悔的念頭。他說：

「今天，提出辭呈是違背了各界的支持，非常地遺憾。」「雖然僅僅擔當二年九個月，但如果可以繼續在任，那麼也許可以替國民完成更多的事吧！」

加深了對自身行政才幹的郝柏村，直到最後都不說一些漂亮的場面話，而只是繼續丟出真心話，令人震撼。

以郝氏的辭職為界，指導部變成總統、行政院長全都為台灣本省人。本省人控制兩個職位，是自國民黨遷移至台灣以來第一遭。民進黨的許信良主席，也說歡迎連戰就任行政院長。還有，宋楚瑜雖辭任國民黨秘書長，但榮陞台灣省主席。

八八年一月，李登輝因蔣經國總統逝世而成為總統時，在他的周遭，俞國華、李煥、蔣緯國、郝柏村等四位外省籍實力者並駕齊驅。一般認為，早晚這其中的一人應會脫穎而出吧。然而，在九三年時他們全都失勢了。

李登輝終於成為實質意義上的最高實力者。日本的殖民地統治五十年，國民黨外省人的支配四十四年，在合計共近一百年近代史中，台灣本省人第一次掌握了全島的權力。

不流血革命

九三年八月，國民黨的本省人與外省人的對立更加激烈化，導致黨的分裂的狀態。創立「新國民黨連線」的趙少康一夥外省人第二代團體，決心組成新政黨，名為「新黨」。他們認為，一旦進入兩大政黨時代，則會立刻變成朝向多黨時代開始運作的型態。

這之後不久開始舉行的國民黨第十四次大會，再選出李登輝總統為黨主席。另外，修改國民黨的黨章。將「革命民主黨」的條款修正為「具備革命精神的民主政黨」。如此一來，使台灣產生變化的國民黨，自身也改變了。

在另一方面，李登輝總統接受非主流派所要求的設置副主席職位的提案，指名非主流派的前行政院長郝柏村、司法院長林洋港、以及主流派的副總統李元簇、行政院長連戰為副主席。目的在於，主流派及非主流派、本省人及外省人的和諧。

九三年年底，舉行統一地方選舉，民進黨停留於在六縣縣長獲勝的局面，雖然前一次一般認為也許可以增加至七縣到十縣，但並無法顯示出預期中那麼宏大的氣勢，許信良主席因此而辭職。繼任者為因獨立運動而馳名的施明德。不過，在此次選舉中國民黨的得票率為四七％，民進黨為四一％，兩者的距離，變成僅有六％。

因民主化而捲起的政治變革所留下的課題，變成選出總統方法的本身。然而，與李登輝總統關係密切的國民黨主流派及民進黨揭櫫「公民直選」（由人民直接投票）的旗幟，而另外國民黨非主流派、保守派則揭櫫「委任直選」（類似於美國總統選舉的投票方式）的旗幟，議論不斷地持續著。

保守派亦即外省人擔憂著，一旦舉行直接投票，則「台灣的總統」的色彩將比「中華民國的總統」的色彩更加強烈。

如此一來，環繞著總統選舉的議論，雖變成因本省人及外省人問題而起的拔河賽場所，但九四年七月二十九日黎明，決定了以直接投票進行選舉。結果，國民黨主流派亦即本省人不顧外省人的反對而硬幹，最後作出決定。

經過跨越八年的與革命不相上下的大事業，台灣終於變成由人民所建立的新國會，以及人民所選出的「台灣的總統」指導一切。

由蔣經國所開始的，而李登輝承繼的台灣另一項奇蹟，被稱作不流血革命的政治體制改革，於是完結了。

◇

歌手鄧麗君曾嘆息道：「如果夢想能夠實現那就太好。」她的夢想是，能自由地來往於雙親的故鄉中國大陸及台灣之間。大多數的人，可以使這個夢想實現，然而，她自己本身在天安門事件中公然批判中共，直至今日仍一直踏不上大陸的土地。

老兵何文德完成了回到故鄉的夢想。然而，正如已提及的，是故鄉的雙親亡故之後才完成的。林義雄被慘殺的母親、女兒也不能復生了。

大言「我是台灣人」的蔣經國，在未目睹政治改革這個夢想的完成即逝世，長子孝文、次子孝武也相繼地病歿。留下來的三子孝勇，因為厭煩世間的眼光，移居至加拿大。

參加學生運動的學生，已經從大學畢業，追逐著新的人生夢想。在野黨指導者黃信介在監獄一直擔心的女兒，則至美國留學。

黃信介的智囊張俊宏，目前仍追逐著「打破國民黨一黨支配」的夢想。他回顧歷經八年間所完成的政治改革，如此說道：

「我們一直在不斷地進行平和的民主運動。花了長久時間，發行雜誌發表自己的意見，透過選舉，一點一滴地增加議席。而且，政治改革已實行了，而舊的體制已崩壞了。然而，台灣的不流血革命依然繼續著。」

住在台灣的人們的夢想，是每一個人各種各樣，各不相同，現在一回顧起來，連夢想被粉碎的人的孤寂者，都特別令人感到注目。即使如此，想要切斷從過去延續下來的悲劇，希望建立豐庶、可以自由地發表言論的民主的社會之類的共通願望，是無法實現的。

認為是昨日的夢想的事情，現在成為確確實實的現實的東西，有確實的觸感，同時放在他們的手掌之上。

跋

在寫完本書之後，我和田弘茂先生見面，我們一邊在帝國飯店的餐廳吃午餐，一邊觀察台灣的情況。他是美國威斯康辛州立大學教授（政治學），曾為台灣的國家政策研究中心主任。然而，在台灣也可以說是以李登輝的智囊而聞名。

由於時節的關係，北京爭取二千年奧運會中失敗成為一大話題。

「遺憾嗎？」

「台灣人才不在乎呢。因為那是中共的事嘛！」

「可是，你們大家同是中華民族……」

「這麼想的是大陸出身的外省人，對台灣的本省人並無關係。只不過啊，爭取主辦奧運會的運動期間，歐美作為主辦奧運會的交易條件，要求中共改善人權問題呢，也就是當作牽制手段來利用，牽制中共。如果這個手段沒有了，那麼今後會變得如何呢？」

關於台灣人與大陸人的複雜關係，本文中業已提及。雖是有時會互相憎恨、拒絕對方的人們，但同時，以經濟為主軸的交流也一直使之活潑化，愈來愈熱絡。只要中國大陸的經濟持續地成長，則兩岸的經濟交流應該就會更加進展。在表面上，兩者的距離看起來似乎很近。

然而，與此並行的，台灣的民主化也有所進展。台灣已步向民主化的政治體制，結果與中國大陸拉開得非常遠，相差十分懸殊也是不爭的事實。若要說到關於台灣的政治情勢，則是一面強化自律問題，甚至顯示出似乎與中國大陸漸行漸遠。

我問田教授：

「政治改革、民主化已告一段落了，下一個課題是什麼呢？」

經濟的奇蹟帶來了富庶的生活。政治的奇蹟，今後應該也會產生出某種變化吧。田教授說：

「在形式上，政治改革確實已結束了。然而，即使形式上完成了，但內容也伴隨著這個而建立了嗎？今後，民主化會成熟至何種程度？也許是會被質問的問題吧。我想我所見到的地方，還有不足之處。」

成熟這個字眼，留在我耳底久久不去。這個字眼，也許是在考量台灣的前景方面的問題時的一個關鍵字。台灣未來無論在政治上、經濟上應該都會不斷地成熟吧。一般認為，橫在前頭的，也許是有節度的、繁榮的、穩定的民主社會。

不過，雖然一再反覆思索，但台灣與追求統一的中共的關係將如何運轉？這個問題仍不甚清楚。中國大陸保持現狀而持續著經濟成長，成為巨大的經濟市場時，台灣會被吸收過去嗎?還是希望朝向獨自的道路發展呢?

不管如何，台灣在本世紀中大概都會被迫在與中共的關係上作出重大的決斷吧。而且，這個決斷無疑地應會給予日本、美國、亞洲全體及國際政治極大的影響。此書在考量如此重大的狀況之際，若能成為一個線索，則將萬幸之至。

田教授回去之後，接著民主進步黨的立法委員張旭成前來東京。他是美國賓夕凡尼亞大學教授（政治學），且以中國觀察者的身份而廣為人知。一再與日本的國會議員作會談的張委員，始終無法抽出時間，所以我們早上一面吃早餐，一邊談論台灣的政治改革。

「台灣摧毀在大陸所建立的國會，變成由人民選出總統。時至今日已和昔日的國民黨的台灣不同了，成為完全像別的國家一般的存在，脫胎換骨成新的體制。但是，日本人能理解這一點嗎?」

平日總是愉快開朗的張教授，這一天看起來似乎有一點罕見的臉色。

作為報導的相關內容，我打算繼續在每一個節目中傳達台灣領導階層的政治改革。然而，如果這些在日本不能充分地被瞭解，那麼就只能說是我這一邊的能力不足，也許，我仍抱著累積下來的包袱。

老實說，要用新聞的細微情報，寫盡台灣政治改革的複雜全貌等等號稱全部花費八年時間才慢慢地完成的巨大的變化，是很困難的，開始寫作本書的背景上，也含有希望盡興地陷入時代的起伏波動的願望。

在寫本書之際，雖然也利用了當地的報紙及雜誌，但幾乎是直接採訪當事者，或是以在現場見聞的情報為藍本。

由於在台灣的採訪，我受到非常親切的禮遇。許多人們真正是慷慨大方，不但與我談話，而且有時也顯示內心給我看，令我感到誠懇真摯。

由於這本書，我可以多多少少地將台灣的巨大變革傳達給更多人們，如果能因此而有足夠深刻瞭解台灣這個地方的部份，那將是筆者的榮幸。如此一來，這對在採訪上給予我協助的人是比什麼都好的謝禮，且我內心所一直累積下來的包袱，多少也會變輕吧！

關於文中所登場的人物，略去敬稱。貨幣雖然匯率之後都不斷地變動，但在此統一為一元新台幣＝五元日幣。

向台灣研究所的若菜正義所長詢問寶貴的意見，出版之際，受到新潮社的寺島哲也先生及三重博一先生的照顧，再次地表示謝意。

上村幸治

台灣年表

一八九五　由於日本與清朝的戰爭，台灣割讓給日本。

一九一〇　蔣經國出生於浙江省奉化縣，為蔣介石的長子（4・27）。

一九一一　辛亥革命（10・10）。

一九一二　中華民國臨時政府在南京成立（1・1）。

一九二三　李登輝誕生（1・15）。

一九二五　蔣經國至莫斯科留學（11月）。

一九二六　鄧小平入境莫斯科。

一九二七　蔣介石於四・十二發動政變，鎮壓共產黨（4・12）。

蔣介石與宋美齡女士結婚（12・1）。

一九三六　西安事變（12・12）。

一九三七　蔣經國由莫斯科回國（4月）。

第二次國共合作（9・23）。

一九四五　◇第二次世界大戰結束，日本投降（8・15）。

一九四六　國民政府軍第七十軍登陸台灣基隆（10‧17）。
國共停戰會談決裂（6‧30）。
一九四七　中華民國憲法頒佈（1‧1）。
台灣發生因取締私菸、巡邏毆打事件而展開的二二八事件，擴及至全島（2‧28）。
人民解放軍開始反擊（6月）。
在中國大陸舉行第一屆國民大會代表（11‧21）。
中華民國憲法施行（12‧25）。
一九四八　在中國大陸選舉立法委員（1‧21）。
在南京召開第一屆國民大會（3‧29）。
國民大會通過動員勘亂時期臨時條款，附帶於憲法上。由於此項條款，總統具有非常時期的權限（4‧18）。
國民大會選出蔣介石為第一屆總統（4‧19）。
一九四九　蔣介石辭去總統之職（1‧21）。
台灣省施行戒嚴令（5‧19）。
上海淪陷（5‧27）。

◇中華人民共和國成立（10・1）。

臨時首都遷都至台北（12・8）。

蔣介石至台灣（12・10）。

一九五〇年　蔣介石復職為總統，任命蔣經國為國防部總政治作戰部主任（3・1）。

蔣介石指名陳誠為行政院長（3・8）。

◇韓戰爆發（6・25）。

一九五二　蔣經國就任為中國青年反共救國團主任（10・31）。

一九五三　蔣介石延長第一屆國民大會代表的任期，萬年國會誕生（9・27）。

一九五四　吳國楨（前台灣省主席）在美國召開記者會，批判台灣（2・7）。

蔣介石再度參選第二屆總統（3・22）。

一九五七　國民黨第八次大會。陳誠被選為副總統（10・10）。

一九五八　台灣警備總司令部成立（5・15）。

陳誠副總統兼任行政院長（7・4）。

一九六〇　國民大會選出蔣介石為第三屆總統（3・21）。

選出陳誠為第三屆副總統（3・22）。

一九六二　台灣獨立聯盟事件（5・8）。
一九六三　因同一事件而致施明德被捕（6・20）。
一九六四　陳誠辭去行政院長之職（12・3）。
一九六五　彭明敏被捕（9・20）。
　　　　　蔣經國就任為國防部長（1・13）。
一九六六　陳誠副總統逝世（3・5）。
　　　　　選出蔣介石為第四屆總統（3・21）。
　　　　　◇文化大革會（66～76年）。
一九六九　蔣經國就任為行政院副院長（7・1）。
一九七〇　發生蔣經國副院長的暗殺未遂事件。在紐約受到台灣獨立派運動員的狙擊，但平安無事（4・24）。
一九七一　中共加盟聯合國，台灣退出（10・25）。
　　　　　◇美國尼克森總統訪問中國大陸（2・21）。
一九七二　國民大會選出蔣介石為第五屆總統（3・21）。
　　　　　蔣經國就任為行政院長（6・1）。
　　　　　◇田中角榮訪問中國大陸（9・25），簽署日中共同聲明（9・29）。

一九七五　台灣與日本斷交（9・29）。
　　　　　蔣介石總統逝世，享年八十七歲（4・5）。
　　　　　國民黨選出蔣經國為主席（4・28）。
　　　　　宋美齡夫人移居至美國（9・17）。
一九七六　◇中共總理周恩來逝世（1・8）。
　　　　　◇中國共產黨主席毛澤東逝世（9・9）。
一九七七　在台灣初次舉行統一地方選舉。
　　　　　以不正當投票為契機，發生中壢事件（11・19）。
一九七八　國民大會選出蔣經國為總統（3・21）。
　　　　　選出本省人謝東閔為副總統（3・22）。
　　　　　鄧小平指示第三次國共合作（12・15）。
　　　　　◇美國與中共發表外交正常化（12・16）。
一九七九　中國全人代常務委員會發表告台灣同胞書（1・1）。
　　　　　美麗島（高雄事件）（12・10）。
一九八〇　林義雄的母親及二名女兒在自宅被慘殺（2・28）。
　　　　　中正紀念堂落成（4・4）。

一九八一　在台灣大學發現陳文成教授的屍體。當局發表死因為自殺（7・3）。
中共提出和平統一九項方案，提議第三次國共合作（9・30）。
任命李登輝為台灣省主席（11・26）。

一九八三　◇貝尼庫挪・艾奎諾被暗殺（8・21）。
立法委員增補選（12・3）。

一九八四　選出蔣經國為第七屆總統（3・21）。
選出李登輝爲副總統（3・22）
蔣經國指名俞國華為行政院長（5・21）。
江南事件。《蔣經國傳》的作者江南在美國被殺（10・15）。

一九八五　第十信用合作社冒貸事件（2・9）。
蔣經國總統向美國《時代》週刊表明，後繼者將不採世襲制（8・16）。
蔣經國總統再度確認，在後繼問題不採世襲制（12・25）。
◇菲律賓發生二日革命。

一九八六　國民黨十二屆三中全會，蔣經國總統指示政治體制的改革（3・29）。
中華航空貨機投奔大陸事件，中共與台灣的有關人士在香港進行初次談判（5・17）。
非合法政黨民主進步黨成立（9・28）。
國民黨中央常務委員會決定解除戒嚴令與解禁新黨組成的方針（10・15）。
宋美齡女士在相隔十一年之後回到台灣（10・25）。
流亡美國期間的許信良，圖謀由成田機場回台，仍被拒絕搭機（11・30）。
國民大會代表、立法委員增額選舉（12・6）。

一九八七

美麗島事件的黃信介等六人被釋放（5・30）。
立法院強行表決國家安全法案作為解除戒嚴令之後的治安對策，並通過法案（6・23）。
國民黨中央常務委員會任命李煥為秘書長（7・1）。
解除戒嚴令，對外匯的管制也大幅地放寬（7・15）。
蔣經國與地方的老人懇談，談及：「我是台灣人」（7・27）。
台灣報紙《自立晚報》發表派遣兩名記者至中國大陸（9・11）。
同一報紙的兩名記者進入中國大陸（9・14）。

蔣經國總統在國民黨中央常務委員會上指示開放大陸探親（9・16）。
蔣經國以輪椅出席國慶日慶祝大會（總統府廣場）（10・10）。
◇中國共產黨十三次大會（10・25）。
開放人民至大陸探親（11・2）。
民進黨議員在憲法施行四十周年紀念大會上妨礙蔣經國的演說（12・25）。

一九八八

新聞的自由化。解禁報社新設、增張的限制（1・1）。
蔣經國總統逝世，享年七十七歲。由李登輝副總統昇任為總統（1・13）。
國民黨籍立法委員開始支持李登輝的聯名簽署（1・18）。
宋美齡事件。宋女士的信函送至李煥手上（1・26）。
國民黨選出李登輝總統為代理主席（1・27）。
舉行蔣經國的葬禮（國葬）（1・30）。
國民黨中央常務委員會承認最初的國會改革案。
　通過第一屆資深中央民意代表自願退職條例（2・3）。
台北地方法院判至大陸採訪的兩名記者無罪（3・24）。

一九八九

國民黨第十三次大會開幕（7・7）。
選出李登輝總統為國民黨主席。
宋美齡女士致詞（7・8）。
總統府秘書長沈昌煥辭職，繼任者為政治大學教授李元簇（10・17）。
民主進步黨選出黃信介為黨主席（10・30）。
台灣許可大陸人民為了探病、奔喪而進入台灣（11・3）。
清華大學（北京）教授錢易因探病而進入台灣（11・14）。
立法院通過「人民團體組織法」，將在野黨合法化（1・20）。
公佈「第一屆資深中央民意代表自願退職條例」（2・3）。
台灣獨立運動家鄭南榕焚身自殺（4・7）。
蔣經國的長子孝文逝世（4・14）。
行政院長俞國華提出辭呈（5・8）。
民主進步黨登記為政黨，成為合法政黨（5・12）。
李煥就任為行政院長，宋楚瑜由黨副秘書長昇任為秘書長（5・24）。
◇天安門事件（6・4）。
解禁與大陸的通信（6・7）。

國民黨外省人第二代團體組成「新國民黨連線」（8・25）。

許信良以漁船秘密入境，被逮捕（9・27）。

參謀總長郝柏村就任國防部長（11・22）。

立法委員增額選舉、縣市長等選舉，民進黨大有斬獲（12・2）。

一九九〇

環繞著下一屆的總統人事問題，捲起二月政變的風暴（2・11）。

司法院長林洋港表明不參選總統的意思（3・9）。

國家安全會議秘書長蔣緯國表明辭退副總統候選人的意思（3・10）。

學生開始於中正紀念堂靜坐（3・16）。

台灣職業棒球開始（3・17）。

一部份中正紀念堂的學生開始絕食抗議（3・19）。

國民大會選出李登輝為第八任總統。

李登輝總統與中正紀念堂的學生會見（3・21）。

中正紀念堂的學生運動結束。

選出李元簇為副總統（3・22）。

國民黨主席李登輝與民進黨主席黃信介進行初次的朝野兩黨黨首會談（4・2）。

一九九一

李登輝總統作就職演說，宣言近期內將使內戰狀態結束。
李登輝總統根據總統令特赦民進黨主席等二十七人（5・20）。
郝柏村內閣組閣（6・1）。
大法官會議進行促進改選大陸選出的國會、停止萬年議員的職權的憲法解釋（6・21）。
國是會議（6・28～7・4）。
海峽交流基金會成立（11・21）。
行政院院會承認國家建設六年計劃（1・31）。
總統府國家統一委員會通過「國家統一綱領」（2・23）。
國民大會臨時大會決議廢止內戰條款。
決定改選國民大會代表（4・22）。
李登輝總統於五月一日宣佈結束動員勘亂時期（4・30）。
動員勘亂時期結束（5・1）。
廢止懲治判亂條例（5・17）。
廢止匪諜（中共特務）處罰條例（5・24）。
解除彭明敏等七人的政治黑名單（6・4）。

蔣經國的次子孝武逝世，得年四十七歲（7・1）。

宋美齡女士經由專機飛往美國（9・21）。

民進黨將台灣獨立列入為黨綱。

選出許信良為黨主席（10・13）。

第二屆國民大會代表選舉，國民黨大勝（12・21）。

一九九二　公開發表「二二八事件報告書」（2・22）。

與韓國斷交（8・22）。

中共與韓國建立邦交（8・24）。

第二屆立法委員選舉，民進黨大有斬獲（12・19）。

一九九三　第二屆立法委員就任（1・1）。

第一屆立法委員退職（1・18）。

開放金門島的觀光旅行（1・27）。

郝柏村內閣總辭（2・4）。

指名台灣省主席連戰為行政院長（2・10）。

台北新公園內的二二八事件紀念碑破土動工（2・28）。

外交部長錢復發表在二、三年內將申請再度加盟聯合國（3・31）。

在新加坡舉行兩岸初次的民間高峰會談（4・27）。
國民黨分裂，趙少康組成「新黨」（8・10）。
國民黨第十四次大會（8・16）。
再度選出李登輝為國民黨主席，設置副主席職位，選出李元簇、郝柏村、林洋港、連戰為副主席（8・18）。
統一地方首長選舉（11・27）。
民進黨主席許信良辭職，選出施明德為代理主席（11・28）。

作者介紹　上村幸治

一九五八年出生於鹿兒島縣。八〇年，畢業於大阪外國語大學中文學系，同年進入每日新聞社。歷經高松支社、大阪社會部、香港特派員，現為北京特派員。著作有《香港狂想曲》等等。將中國大陸、台灣、香港收納於視野的新世代中國觀察家。

大展出版社有限公司	圖書目錄
地址：台北市北投區11204 致遠一路二段12巷1號 郵撥： 0166955～1	電話：(02) 8236031 8236033 傳眞：(02) 8272069

•法律專欄連載•電腦編號 58

台大法學院 法律學系／策劃 法律服務社／編著

①別讓您的權利睡著了①　200元
②別讓您的權利睡著了②　200元

•秘傳占卜系列•電腦編號 14

①手相術　淺野八郎著　150元
②人相術　淺野八郎著　150元
③西洋占星術　淺野八郎著　150元
④中國神奇占卜　淺野八郎著　150元
⑤夢判斷　淺野八郎著　150元
⑥前世、來世占卜　淺野八郎著　150元
⑦法國式血型學　淺野八郎著　150元
⑧靈感、符咒學　淺野八郎著　150元
⑨紙牌占卜學　淺野八郎著　150元
⑩ＥＳＰ超能力占卜　淺野八郎著　150元
⑪猶太數的秘術　淺野八郎著　150元
⑫新心理測驗　淺野八郎著　160元

•趣味心理講座•電腦編號 15

①性格測驗１　探索男與女　淺野八郎著　140元
②性格測驗２　透視人心奧秘　淺野八郎著　140元
③性格測驗３　發現陌生的自己　淺野八郎著　140元
④性格測驗４　發現你的真面目　淺野八郎著　140元
⑤性格測驗５　讓你們吃驚　淺野八郎著　140元
⑥性格測驗６　洞穿心理盲點　淺野八郎著　140元
⑦性格測驗７　探索對方心理　淺野八郎著　140元
⑧性格測驗８　由吃認識自己　淺野八郎著　140元
⑨性格測驗９　戀愛知多少　淺野八郎著　140元

⑩性格測驗10	由裝扮瞭解人心	淺野八郎著	140元
⑪性格測驗11	敲開內心玄機	淺野八郎著	140元
⑫性格測驗12	透視你的未來	淺野八郎著	140元
⑬血型與你的一生		淺野八郎著	140元
⑭趣味推理遊戲		淺野八郎著	140元

•婦 幼 天 地• 電腦編號16

①八萬人減肥成果	黃靜香譯	150元
②三分鐘減肥體操	楊鴻儒譯	150元
③窈窕淑女美髮秘訣	柯素娥譯	130元
④使妳更迷人	成　玉譯	130元
⑤女性的更年期	官舒妍編譯	160元
⑥胎內育兒法	李玉瓊編譯	150元
⑦早產兒袋鼠式護理	唐岱蘭譯	200元
⑧初次懷孕與生產	婦幼天地編譯組	180元
⑨初次育兒12個月	婦幼天地編譯組	180元
⑩斷乳食與幼兒食	婦幼天地編譯組	180元
⑪培養幼兒能力與性向	婦幼天地編譯組	180元
⑫培養幼兒創造力的玩具與遊戲	婦幼天地編譯組	180元
⑬幼兒的症狀與疾病	婦幼天地編譯組	180元
⑭腿部苗條健美法	婦幼天地編譯組	150元
⑮女性腰痛別忽視	婦幼天地編譯組	150元
⑯舒展身心體操術	李玉瓊編譯	130元
⑰三分鐘臉部體操	趙薇妮著	160元
⑱生動的笑容表情術	趙薇妮著	160元
⑲心曠神怡減肥法	川津祐介著	130元
⑳內衣使妳更美麗	陳玄茹譯	130元
㉑瑜伽美姿美容	黃靜香編著	150元
㉒高雅女性裝扮學	陳珮玲譯	180元
㉓蠶糞肌膚美顏法	坂梨秀子著	160元
㉔認識妳的身體	李玉瓊譯	160元
㉕產後恢復苗條體態	居理安•芙萊喬著	200元
㉖正確護髮美容法	山崎伊久江著	180元

•青 春 天 地• 電腦編號17

①A血型與星座	柯素娥編譯	120元
②B血型與星座	柯素娥編譯	120元
③O血型與星座	柯素娥編譯	120元
④AB血型與星座	柯素娥編譯	120元

⑤青春期性教室	呂貴嵐編譯	130元
⑥事半功倍讀書法	王毅希編譯	150元
⑦難解數學破題	宋釗宜編譯	130元
⑧速算解題技巧	宋釗宜編譯	130元
⑨小論文寫作秘訣	林顯茂編譯	120元
⑪中學生野外遊戲	熊谷康編著	120元
⑫恐怖極短篇	柯素娥編譯	130元
⑬恐怖夜話	小毛驢編譯	130元
⑭恐怖幽默短篇	小毛驢編譯	120元
⑮黑色幽默短篇	小毛驢編譯	120元
⑯靈異怪談	小毛驢編譯	130元
⑰錯覺遊戲	小毛驢編譯	130元
⑱整人遊戲	小毛驢編譯	150元
⑲有趣的超常識	柯素娥編譯	130元
⑳哦！原來如此	林慶旺編譯	130元
㉑趣味競賽100種	劉名揚編譯	120元
㉒數學謎題入門	宋釗宜編譯	150元
㉓數學謎題解析	宋釗宜編譯	150元
㉔透視男女心理	林慶旺編譯	120元
㉕少女情懷的自白	李桂蘭編譯	120元
㉖由兄弟姊妹看命運	李玉瓊編譯	130元
㉗趣味的科學魔術	林慶旺編譯	150元
㉘趣味的心理實驗室	李燕玲編譯	150元
㉙愛與性心理測驗	小毛驢編譯	130元
㉚刑案推理解謎	小毛驢編譯	130元
㉛偵探常識推理	小毛驢編譯	130元
㉜偵探常識解謎	小毛驢編譯	130元
㉝偵探推理遊戲	小毛驢編譯	130元
㉞趣味的超魔術	廖玉山編著	150元
㉟趣味的珍奇發明	柯素娥編著	150元
㊱登山用具與技巧	陳瑞菊編著	150元

•健康天地• 電腦編號 18

①壓力的預防與治療	柯素娥編譯	130元
②超科學氣的魔力	柯素娥編譯	130元
③尿療法治病的神奇	中尾良一著	130元
④鐵證如山的尿療法奇蹟	廖玉山譯	120元
⑤一日斷食健康法	葉慈容編譯	120元
⑥胃部強健法	陳炳崑譯	120元
⑦癌症早期檢查法	廖松濤譯	130元

⑧老人痴呆症防止法	柯素娥編譯	130元
⑨松葉汁健康飲料	陳麗芬編譯	130元
⑩揉肚臍健康法	永井秋夫著	150元
⑪過勞死、猝死的預防	卓秀貞編譯	130元
⑫高血壓治療與飲食	藤山順豐著	150元
⑬老人看護指南	柯素娥編譯	150元
⑭美容外科淺談	楊啟宏著	150元
⑮美容外科新境界	楊啟宏著	150元
⑯鹽是天然的醫生	西英司郎著	140元
⑰年輕十歲不是夢	梁瑞麟譯	200元
⑱茶料理治百病	桑野和民著	180元
⑲綠茶治病寶典	桑野和民著	150元
⑳杜仲茶養顏減肥法	西田博著	150元
㉑蜂膠驚人療效	瀨長良三郎著	150元
㉒蜂膠治百病	瀨長良三郎著	150元
㉓醫藥與生活	鄭炳全著	160元
㉔鈣長生寶典	落合敏著	180元
㉕大蒜長生寶典	木下繁太郎著	160元
㉖居家自我健康檢查	石川恭三著	160元
㉗永恒的健康人生	李秀鈴譯	200元
㉘大豆卵磷脂長生寶典	劉雪卿譯	150元
㉙芳香療法	梁艾琳譯	160元
㉚醋長生寶典	柯素娥譯	元

•實用女性學講座• 電腦編號 19

①解讀女性內心世界	島田一男著	150元
②塑造成熟的女性	島田一男著	150元
③女性整體裝扮學	黃靜香編著	180元
④職業婦女禮儀	黃靜香編著	180元

•校 園 系 列• 電腦編號 20

①讀書集中術	多湖輝著	150元
②應考的訣竅	多湖輝著	150元
③輕鬆讀書贏得聯考	多湖輝著	150元
④讀書記憶秘訣	多湖輝著	150元
⑤視力恢復！超速讀術	江錦雲譯	180元

・實用心理學講座・電腦編號 21

①拆穿欺騙伎倆	多湖輝著	140元
②創造好構想	多湖輝著	140元
③面對面心理術	多湖輝著	140元
④僞裝心理術	多湖輝著	140元
⑤透視人性弱點	多湖輝著	140元
⑥自我表現術	多湖輝著	150元
⑦不可思議的人性心理	多湖輝著	150元
⑧催眠術入門	多湖輝著	150元
⑨責罵部屬的藝術	多湖輝著	150元
⑩精神力	多湖輝著	150元
⑪厚黑說服術	多湖輝著	150元
⑫集中力	多湖輝著	150元
⑬構想力	多湖輝著	150元
⑭深層心理術	多湖輝著	160元
⑮深層語言術	多湖輝著	160元
⑯深層說服術	多湖輝著	180元
⑰潛在心理術	多湖輝著	160元

・超現實心理講座・電腦編號 22

①超意識覺醒法	詹蔚芬編譯	130元
②護摩秘法與人生	劉名揚編譯	130元
③秘法！超級仙術入門	陸　明譯	150元
④給地球人的訊息	柯素娥編著	150元
⑤密教的神通力	劉名揚編著	130元
⑥神秘奇妙的世界	平川陽一著	180元
⑦地球文明的超革命	吳秋嬌譯	200元
⑧力量石的秘密	吳秋嬌譯	180元

・養 生 保 健・電腦編號 23

①醫療養生氣功	黃孝寬著	250元
②中國氣功圖譜	余功保著	230元
③少林醫療氣功精粹	井玉蘭著	250元
④龍形實用氣功	吳大才等著	220元
⑤魚戲增視強身氣功	宮　嬰著	220元
⑥嚴新氣功	前新培金著	250元
⑦道家玄牝氣功	張　章著	180元

⑧仙家秘傳袪病功	李遠國著	160元
⑨少林十大健身功	秦慶豐著	180元
⑩中國自控氣功	張明武著	250元
⑪醫療防癌氣功	黃孝寬著	220元
⑫醫療強身氣功	黃孝寬著	220元
⑬醫療點穴氣功	黃孝寬著	220元

・社會人智囊・電腦編號 24

①糾紛談判術	清水增三著	160元
②創造關鍵術	淺野八郎著	150元
③觀人術	淺野八郎著	180元
④應急詭辯術	廖英迪編著	160元
⑤天才家學習術	木原武一著	160元
⑥猫型狗式鑑人術	淺野八郎著	180元
⑦逆轉運掌握術	淺野八郎著	180元

・精 選 系 列・電腦編號 25

①毛澤東與鄧小平	渡邊利夫等著	280元
②中國大崩裂		180元

・心 靈 雅 集・電腦編號 00

①禪言佛語看人生	松濤弘道著	180元
②禪密教的奧秘	葉逯謙譯	120元
③觀音大法力	田口日勝著	120元
④觀音法力的大功德	田口日勝著	120元
⑤達摩禪106智慧	劉華亭編譯	150元
⑥有趣的佛教研究	葉逯謙編譯	120元
⑦夢的開運法	蕭京凌譯	130元
⑧禪學智慧	柯素娥編譯	130元
⑨女性佛教入門	許俐萍譯	110元
⑩佛像小百科	心靈雅集編譯組	130元
⑪佛教小百科趣談	心靈雅集編譯組	120元
⑫佛教小百科漫談	心靈雅集編譯組	150元
⑬佛教知識小百科	心靈雅集編譯組	150元
⑭佛學名言智慧	松濤弘道著	220元
⑮釋迦名言智慧	松濤弘道著	220元
⑯活人禪	平田精耕著	120元
⑰坐禪入門	柯素娥編譯	120元

⑱現代禪悟	柯素娥編譯	130元
⑲道元禪師語錄	心靈雅集編譯組	130元
⑳佛學經典指南	心靈雅集編譯組	130元
㉑何謂「生」 阿含經	心靈雅集編譯組	150元
㉒一切皆空 般若心經	心靈雅集編譯組	150元
㉓超越迷惘 法句經	心靈雅集編譯組	130元
㉔開拓宇宙觀 華嚴經	心靈雅集編譯組	130元
㉕真實之道 法華經	心靈雅集編譯組	130元
㉖自由自在 涅槃經	心靈雅集編譯組	130元
㉗沈默的教示 維摩經	心靈雅集編譯組	150元
㉘開通心眼 佛語佛戒	心靈雅集編譯組	130元
㉙揭秘寶庫 密教經典	心靈雅集編譯組	130元
㉚坐禪與養生	廖松濤譯	110元
㉛釋尊十戒	柯素娥編譯	120元
㉜佛法與神通	劉欣如編著	120元
㉝悟（正法眼藏的世界）	柯素娥編譯	120元
㉞只管打坐	劉欣如編譯	120元
㉟喬答摩・佛陀傳	劉欣如編著	120元
㊱唐玄奘留學記	劉欣如編譯	120元
㊲佛教的人生觀	劉欣如編譯	110元
㊳無門關（上卷）	心靈雅集編譯組	150元
㊴無門關（下卷）	心靈雅集編譯組	150元
㊵業的思想	劉欣如編著	130元
㊶佛法難學嗎	劉欣如著	140元
㊷佛法實用嗎	劉欣如著	140元
㊸佛法殊勝嗎	劉欣如著	140元
㊹因果報應法則	李常傳編	140元
㊺佛教醫學的奧秘	劉欣如編著	150元
㊻紅塵絕唱	海 若著	130元
㊼佛教生活風情	洪丕謨、姜玉珍著	220元
㊽行住坐臥有佛法	劉欣如著	160元
㊾起心動念是佛法	劉欣如著	160元
㊿四字禪語	曹洞宗青年會	200元
51妙法蓮華經	劉欣如編著	160元

・經 營 管 理・電腦編號 01

◎創新經營管理六十六大計（精）	蔡弘文編	780元
①如何獲取生意情報	蘇燕謀譯	110元
②經濟常識問答	蘇燕謀譯	130元
③股票致富68秘訣	簡文祥譯	200元

④台灣商戰風雲錄	陳中雄著	120元
⑤推銷大王秘錄	原一平著	180元
⑥新創意・賺大錢	王家成譯	90元
⑦工廠管理新手法	琪　輝著	120元
⑧奇蹟推銷術	蘇燕謀譯	100元
⑨經營參謀	柯順隆譯	120元
⑩美國實業24小時	柯順隆譯	80元
⑪撼動人心的推銷法	原一平著	150元
⑫高竿經營法	蔡弘文編	120元
⑬如何掌握顧客	柯順隆譯	150元
⑭一等一賺錢策略	蔡弘文編	120元
⑯成功經營妙方	鐘文訓著	120元
⑰一流的管理	蔡弘文編	150元
⑱外國人看中韓經濟	劉華亭譯	150元
⑲企業不良幹部群相	琪輝編著	120元
⑳突破商場人際學	林振輝編著	90元
㉑無中生有術	琪輝編著	140元
㉒如何使女人打開錢包	林振輝編著	100元
㉓操縱上司術	邑井操著	90元
㉔小公司經營策略	王嘉誠著	160元
㉕成功的會議技巧	鐘文訓編譯	100元
㉖新時代老闆學	黃柏松編著	100元
㉗如何創造商場智囊團	林振輝編譯	150元
㉘十分鐘推銷術	林振輝編譯	120元
㉙五分鐘育才	黃柏松編譯	100元
㉚成功商場戰術	陸明編譯	100元
㉛商場談話技巧	劉華亭編譯	120元
㉜企業帝王學	鐘文訓譯	90元
㉝自我經濟學	廖松濤編譯	100元
㉞一流的經營	陶田生編著	120元
㉟女性職員管理術	王昭國編譯	120元
㊱ＩＢＭ的人事管理	鐘文訓編譯	150元
㊲現代電腦常識	王昭國編譯	150元
㊳電腦管理的危機	鐘文訓編譯	120元
㊴如何發揮廣告效果	王昭國編譯	150元
㊵最新管理技巧	王昭國編譯	150元
㊶一流推銷術	廖松濤編譯	150元
㊷包裝與促銷技巧	王昭國編譯	130元
㊸企業王國指揮塔	松下幸之助著	120元
㊹企業精銳兵團	松下幸之助著	120元
㊺企業人事管理	松下幸之助著	100元

㊻華僑經商致富術	廖松濤編譯	130元
㊼豐田式銷售技巧	廖松濤編譯	120元
㊽如何掌握銷售技巧	王昭國編著	130元
㊿洞燭機先的經營	鐘文訓編譯	150元
52新世紀的服務業	鐘文訓編譯	100元
53成功的領導者	廖松濤編譯	120元
54女推銷員成功術	李玉瓊編譯	130元
55ＩＢＭ人才培育術	鐘文訓編譯	100元
56企業人自我突破法	黃琪輝編著	150元
58財富開發術	蔡弘文編著	130元
59成功的店舖設計	鐘文訓編著	150元
61企管回春法	蔡弘文編著	130元
62小企業經營指南	鐘文訓編譯	100元
63商場致勝名言	鐘文訓編譯	150元
64迎接商業新時代	廖松濤編譯	100元
66新手股票投資入門	何朝乾　編	180元
67上揚股與下跌股	何朝乾編譯	180元
68股票速成學	何朝乾編譯	180元
69理財與股票投資策略	黃俊豪編著	180元
70黃金投資策略	黃俊豪編著	180元
71厚黑管理學	廖松濤編譯	180元
72股市致勝格言	呂梅莎編譯	180元
73透視西武集團	林谷燁編譯	150元
76巡迴行銷術	陳蒼杰譯	150元
77推銷的魔術	王嘉誠譯	120元
7860秒指導部屬	周蓮芬編譯	150元
79精銳女推銷員特訓	李玉瓊編譯	130元
80企劃、提案、報告圖表的技巧	鄭　汶　譯	180元
81海外不動產投資	許達守編譯	150元
82八百件的世界策略	李玉瓊譯	150元
83服務業品質管理	吳宜芬譯	180元
84零庫存銷售	黃東謙編譯	150元
85三分鐘推銷管理	劉名揚編譯	150元
86推銷大王奮鬥史	原一平著	150元
87豐田汽車的生產管理	林谷燁編譯	150元

・成功寶庫・電腦編號 02

①上班族交際術	江森滋著	100元
②拍馬屁訣竅	廖玉山編譯	110元
④聽話的藝術	歐陽輝編譯	110元

⑨求職轉業成功術	陳　義編著	110元
⑩上班族禮儀	廖玉山編著	120元
⑪接近心理學	李玉瓊編著	100元
⑫創造自信的新人生	廖松濤編著	120元
⑭上班族如何出人頭地	廖松濤編著	100元
⑮神奇瞬間瞑想法	廖松濤編譯	100元
⑯人生成功之鑰	楊意苓編著	150元
⑱潛在心理術	多湖輝　著	100元
⑲給企業人的諍言	鐘文訓編著	120元
⑳企業家自律訓練法	陳　義編譯	100元
㉑上班族妖怪學	廖松濤編著	100元
㉒猶太人縱橫世界的奇蹟	孟佑政編著	110元
㉓訪問推銷術	黃静香編著	130元
㉕你是上班族中強者	嚴思圖編著	100元
㉖向失敗挑戰	黃静香編著	100元
㉙機智應對術	李玉瓊編著	130元
㉚成功頓悟100則	蕭京凌編譯	130元
㉛掌握好運100則	蕭京凌編譯	110元
㉜知性幽默	李玉瓊編譯	130元
㉝熟記對方絕招	黃静香編譯	100元
㉞男性成功秘訣	陳蒼杰編譯	130元
㊱業務員成功秘方	李玉瓊編著	120元
㊲察言觀色的技巧	劉華亭編著	130元
㊳一流領導力	施義彥編譯	120元
㊴一流說服力	李玉瓊編著	130元
㊵30秒鐘推銷術	廖松濤編譯	150元
㊶猶太成功商法	周蓮芬編譯	120元
㊷尖端時代行銷策略	陳蒼杰編著	100元
㊸顧客管理學	廖松濤編著	100元
㊹如何使對方說Yes	程　羲編著	150元
㊺如何提高工作效率	劉華亭編著	150元
㊼上班族口才學	楊鴻儒譯	120元
㊽上班族新鮮人須知	程　羲編著	120元
㊾如何左右逢源	程　羲編著	130元
㊿語言的心理戰	多湖輝著	130元
51扣人心弦演說術	劉名揚編著	120元
53如何增進記憶力、集中力	廖松濤譯	130元
55性惡企業管理學	陳蒼杰譯	130元
56自我啟發200招	楊鴻儒編著	150元
57做個傑出女職員	劉名揚編著	130元
58靈活的集團營運術	楊鴻儒編著	120元

(60)個案研究活用法	楊鴻儒編著	130元
(61)企業教育訓練遊戲	楊鴻儒編著	120元
(62)管理者的智慧	程　義編譯	130元
(63)做個佼佼管理者	馬筱莉編譯	130元
(64)智慧型說話技巧	沈永嘉編譯	130元
(66)活用佛學於經營	松濤弘道著	150元
(67)活用禪學於企業	柯素娥編譯	130元
(68)詭辯的智慧	沈永嘉編譯	150元
(69)幽默詭辯術	廖玉山編譯	150元
(70)拿破崙智慧箴言	柯素娥編譯	130元
(71)自我培育・超越	蕭京凌編譯	150元
(74)時間即一切	沈永嘉編譯	130元
(75)自我脫胎換骨	柯素娥譯	150元
(76)贏在起跑點—人才培育鐵則	楊鴻儒編譯	150元
(77)做一枚活棋	李玉瓊編譯	130元
(78)面試成功戰略	柯素娥編譯	130元
(79)自我介紹與社交禮儀	柯素娥編譯	150元
(80)說NO的技巧	廖玉山編譯	130元
(81)瞬間攻破心防法	廖玉山編譯	120元
(82)改變一生的名言	李玉瓊編譯	130元
(83)性格性向創前程	楊鴻儒編譯	130元
(84)訪問行銷新竅門	廖玉山編譯	150元
(85)無所不達的推銷話術	李玉瓊編譯	150元

・處世智慧・電腦編號 03

①如何改變你自己	陸明編譯	120元
②人性心理陷阱	多湖輝著	90元
④幽默說話術	林振輝編譯	120元
⑤讀書36計	黃柏松編譯	120元
⑥靈感成功術	譚繼山編譯	80元
⑧扭轉一生的五分鐘	黃柏松編譯	100元
⑨知人、知面、知其心	林振輝譯	110元
⑩現代人的詭計	林振輝譯	100元
⑫如何利用你的時間	蘇遠謀譯	80元
⑬口才必勝術	黃柏松編譯	120元
⑭女性的智慧	譚繼山編譯	90元
⑮如何突破孤獨	張文志編譯	80元
⑯人生的體驗	陸明編譯	80元
⑰微笑社交術	張芳明譯	90元
⑱幽默吹牛術	金子登著	90元

國立中央圖書館出版品預行編目資料

台灣——亞洲奇蹟／上村幸治著；柯素娥譯，
—初版—臺北市；大展，民84
面；　　公分，—（精選系列；3）
譯自：台灣アジア夢の物語
ISBN 957-557-549-0（平裝）

1. 政治—台灣　　2. 台灣—歷史

673.22　　84010728

TAIWAN AJIA NO YUME NO MONOGATARI by Kôji Kamimura

Original Japanese edition published by Shincho-sha Co., Ltd.
Chinese translation rights arranged with Koji Kamimura through Japan Foreign-Rights Centre/ Keio Cultural Enterprise Co., Ltd.

ISBN 957-557-549-0

台灣——亞洲奇蹟

原著者／上村幸治	承印者／國順圖書印刷公司
編譯者／柯 素 娥	裝　訂／嶸興裝訂有限公司
發行人／蔡 森 明	排版者／千賓電腦打字有限公司
出版者／大展出版社有限公司	電　話／（02）8836052
社　址／台北市北投區（石牌）致遠一路二段12巷1號	初　版／1995年（民84年）11月
電　話／(02) 8236031・8236033	
傳　眞／(02) 8272069	
郵政劃撥／0166955－1	定　價／220元
登記證／局版臺業字第2171號	

●本書若有破損缺頁敬請寄回本社更換●

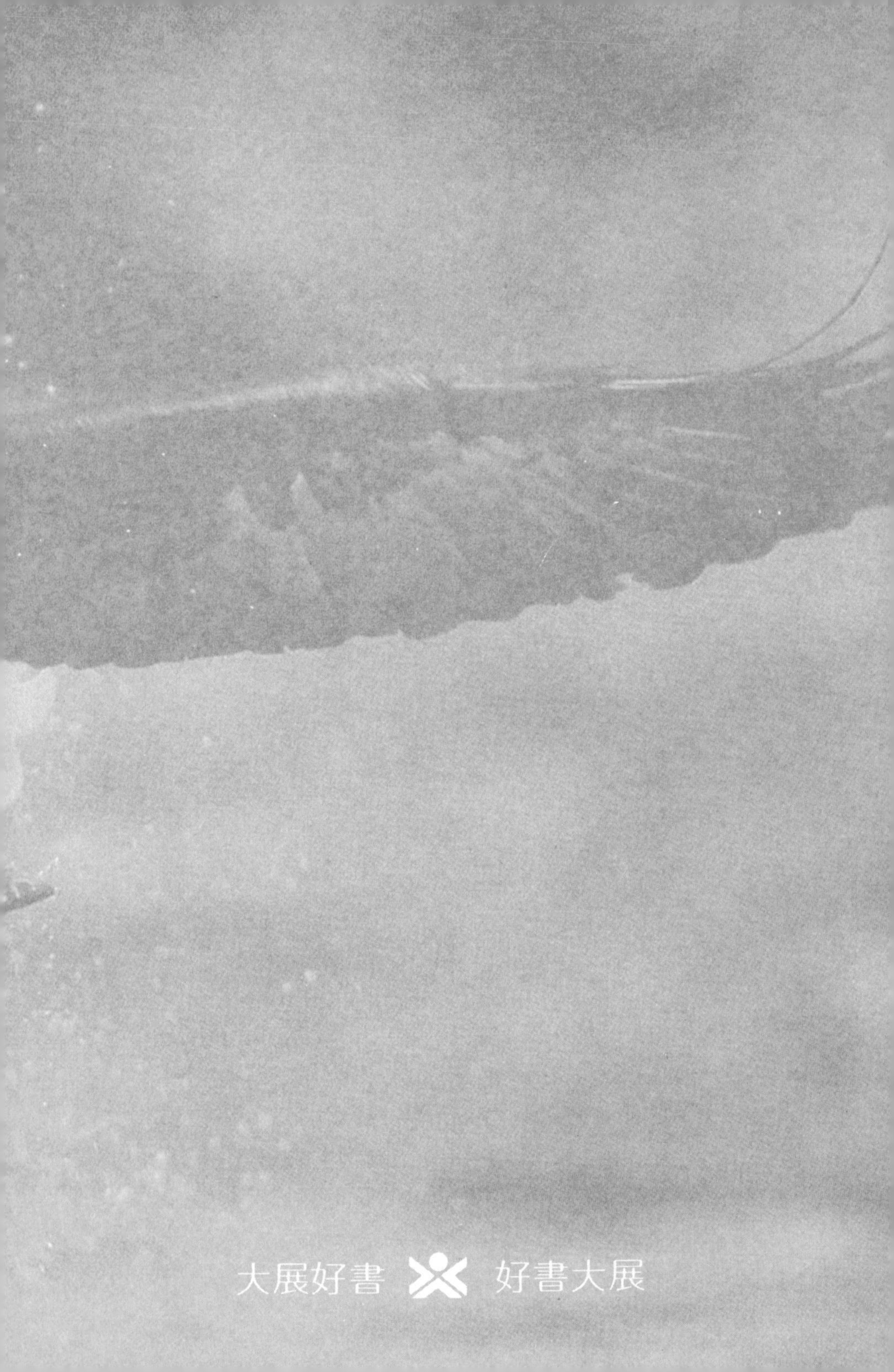
大展好書 好書大展

大展好書 好書大展